数字经济译丛

丛书主编 刘世锦

THE PLATFORM SOCIETY
Public Values in a Connective World

平台社会

互联世界中的公共价值

José van Dijck [荷]何塞·范·迪克
Thomas Poell [荷]托马斯·普尔
Martijn de Waal [荷]马丁·德·瓦尔
◎著

孟韬 译

东北财经大学出版社
Dongbei University of Finance & Economics Press
大连

辽宁省版权局著作权合同登记号：06-2019-225

图书在版编目（CIP）数据

平台社会：互联世界中的公共价值 / （荷）何塞·范·迪克，（荷）托马斯·普尔，（荷）马丁·德·瓦尔著；孟韬译.—大连：东北财经大学出版社，2023.3（2023.11重印）
（数字经济译丛）
ISBN 978-7-5654-4441-8

Ⅰ.平… Ⅱ.①何… ②托… ③马… ④孟… Ⅲ.网络经济-研究 Ⅳ.F49

中国版本图书馆CIP数据核字（2022）第025755号

东北财经大学出版社出版发行
大连市黑石礁尖山街217号 邮政编码 116025
网 址：http://www.dufep.cn
读者信箱：dufep@dufe.edu.cn
大连图腾彩色印刷有限公司印刷

幅面尺寸：170mm×240mm 字数：167千字 印张：13
2023年3月第1版 2023年11月第2次印刷
责任编辑：李季 刘佳 刘东威 吉扬 责任校对：孟 鑫
封面设计：原 皓 版式设计：原 皓
定价：52.00元

教学支持 售后服务 联系电话：（0411）84710309
版权所有 侵权必究 举报电话：（0411）84710523
如有印装质量问题，请联系营销部：（0411）84710711

译者序

随着互联网、人工智能等数字技术的迅猛发展，人类社会已经进入数字经济时代。数字平台也成为数字经济时代中标志性的新型组织模式。从最初的雅虎、新浪等为代表的信息平台，到亚马逊、淘宝等为代表的电商平台，再到近年来风起云涌的以优步、滴滴等为代表的共享经济平台，脸书、微信等为代表的社交平台，数字平台的变革力量已经不仅涉及衣食住行等方方面面的生活消费领域，而且在供应链、生产制造、组织管理等领域也起到了颠覆性的影响作用。从而数字平台开始对经济交易、社会文化、体制机制产生全方位的影响。

尤其是在刚刚过去的2021年，中国经济社会中最为引人关注的重大事件之一就是数字平台的反垄断与规制，2021年也被称为数字平台反垄断元年。2021年2月7日，国务院反垄断委员会发布《关于平台经济领域的反垄断指南》。2021年开始，市场监管部门对互联网平台进行了一系列执法，“二选一”、算法共谋、大数据杀熟等词汇频现报端。据统计，截至2021年12月，国家市场监督管理总局共发布了90余起与数字平台企业相关的反垄断处罚，包括阿里集团的182亿元处罚和美团的34亿元处罚。并且，2021年，和数字平台息息相关的我国数据立法取得突飞猛进的进展，备受关注的《数据安全法》和《个人信息保护法》先后出台，与《网络安全法》共同形成了我国数据合规的法律“三角”构架，为数字平台的运营加上了“紧箍咒”。更为重要的是，2021年10月，国家市场监督管理总局发布了《互联网平台分类分级指南（征求意见稿）》与《互联网平台落实主体责任指南（征求意见稿）》，确立了平台分类分级的监管思路，明确提出：数字平台必须维护国家利益和社会公共利益，保护人民群众生命健康和财产安全，公平参与市场竞争，认真履行法定义务，积极承担主体责任。

在这样的背景下，东北财经大学出版社组织引进和翻译《平台社会：互联世界中的公共价值》一书非常必要、非常及时。关于数字平台的政策法规频频出台意味着平台已经在我国经济社会中扮演了举足轻重的角色，而且近些年也已出现了一些损害公共利益和消费者利益的问题，并到了必须给予规范和监督的时刻了！本书第一作者是荷兰乌得勒支大学的José van Dijck教授，她担任荷兰皇家艺术与科学院主席，是全球数字社会研究的著名学者，在该领域著述颇丰。Dijck教授使用了“平台社会”这个新的概念作为书的题目。数字平台形成了我们所生活的社会结构(Couldry& Hepp,2016)，平台社会的概念强调了数字平台正在影响着当前人类社会结构、社会行为、社会价值，而不仅仅是经济结构、经济行为和经济价值。因为平台在提高个人与平台的经济收益的同时，也会产生侵犯个人隐私、数据泄漏、损害消费者权益、对公共服务产生限制等诸多问题。本书对平台的研究焦点从经济转向社会，热切地关注在一个大多数互动都通过互联网进行的社会中，个体利益与公共利益之间如何达成平衡，避免发生以上问题。本书必然会对正在我国进行的数字平台反垄断与规制的政策制定和治理实践，以及平台企业自身的自律规范、管理运营都起到非常有益的借鉴作用。

当前国内出版的国内外学者的有关平台的著作，绝大多数是从经济的角度，包括商业模式、企业战略、组织模式等角度来研究平台的，例如《平台革命：改变世界的商业模式》（帕克等，2017）、《平台战略》（陈威如等，2013）、《平台生态：价值创造与价值获取》（罗珉等，2020）等，但从社会的角度研究数字平台的著作寥寥无几。《平台社会：互联世界中的公共价值》正好弥补了这一缺憾。本书关注的是社会公共价值，而不是平台企业或者参与者个人的经济价值。作者详细地剖析了在当前互联网与数字经济时代，平台是怎样引发一场关于个人利益、企业利益与公共利益相碰撞的冲突的；隐私性、准确性、安全性和消费者保护等公共利益在这场冲突中又如何由政府、平台、参与企业与个人共同来进行维护。首先，本书最大的一个理论贡献是构建了一个平台作用机制的模型，即数据化、商业化和选择三种机制，这是形成平台社会的驱动力。这三种机制是作者从政治经济学的角度对平台社会的组织进行的理论分析，平台的作用机制不仅仅是技术或经济的过程，更应当强调技术、经济模式和用户之间的相互作用。其次，作者运用这三种机制的框架分别在第3章到第6章对新闻、交通、医疗和教育四个行业进行了分析，继续回答这些问题：平台给这些行业的模式和实践带来哪些变化？平台及其机制如何发挥作用？公共价值又应该在这些平台所在的行业中如何维护？最后，作者呼吁政府、平台、各类企业、个体创业者、非政府组织、合作社、消费者和公民都参与到平台社会的构建和治理中，形成以社会价值为中心，政府主导、平台自律、各方协同治理的平台社会治理模式。

《平台社会：互联世界中的公共价值》研究的是一个非常宏大、重大的学术和现实问题，但是本书却不晦涩难懂，结构也十分清晰。第1章是导论，在第2章构建了一个非常简洁有效的平台作用机制模型，而后通过大量的平台企业案例在四个行业中分别进行详细的论述，最后在第7章提出政策建议。另外，多学科的交叉研究也是本书的一大特色，作者运用了政治经济学、社会学、商业和管理、传媒、法律、信息技术等多个学科的理论、方法和文献，使得本书视角丰富而又独特、论述充分而不偏颇。本书也是译者主持的国家自然科学基金项目（项目号：72072026）的阶段性成果。相信读者们，无论是研究该领域的学者、正在制定相关政策的公共管理者，还是从事平台运营的经营者、创业者，都会从本书中引发思考、得到启迪，从而使得本书能够为我国如火如荼进行的平台治理实践起到一点添柴加火的作用。

孟　韬

2022年1月2日于东北财经大学

致　谢

在科技公司形势急剧变化的这一年里，要写一本关于在线平台的书是一个相当大的挑战。从2016年11月9日到2018年1月下旬，我们多次修改关于平台社会的故事，然而，我们仍然无法跟上平台世界每天发生的众多变化。到这本书出版的时候，毫无疑问，这些故事中还有一些我们没有关注到的细节和动态，犹如瞄准射击一个不断移动的目标一样。尽管如此，我们希望读者们会欣赏我们为平台社会中对公共价值的理解所做的努力。

这本书的前身是我们于2016年12月在阿姆斯特丹大学出版社出版的一份荷兰语报告。虽然书名相似，但这本书既不是译本，也不是修订本。在2017年平台生态系统的许多快节奏变化的推动下，我们有意扩大了研究范围，并为更广泛的学术受众撰写了这本书。在过去的六年中，我们为这本书所做的研究成果已经在许多不同的期刊上发表；你们可以在参考书目中找到准确的标题和参考文献。我们要感谢这些期刊的匿名同行审稿人，他们为我们文章的发表做出了巨大的贡献。

作为研究人员，我们很幸运能成为一个大型学术团队中的一员，并能够在荷兰国内外工作。事实上，很多同事在讲座和演讲后通过评论，都对这本书做出了反馈。我们很难一一感谢你们所有人，但在此要对几位有特殊贡献的人单独表示感激：

我们与Nick Couldry的讨论极大地帮助了我们研究平台的机制方法。Tamar Sharon非常热心地与我们就第5章的内容进行了讨论，这一章就是从她的见解中获取灵感的。David Nieborg对细节的敏锐观察为手稿的最后修订提供了巨大帮助。Fernando van der Vlist为本书精心地绘制了图表。

牛津大学出版社再次证明了其卓越的学术出版能力。五位匿名审稿人与我们分享了他们的支持意见，我们非常感谢他们为改进稿件所付出的时间和努力。我们的编辑Norman Hirschy，是一位善解人意又耐心的学者。同时，我们还要感谢Christina Nisha，Andrew Pachuta和Sangeetha Vishwanthan对手稿的编辑和处理。

最后，我们要感谢我们所在的大学给予我们宝贵的研究时间来写书。我们还要感谢我们的学生，因为他们是这本书的目标读者。最后，由于我们在撰写这本书上花费了大量的时间，因而忽略了陪伴我们的家人，非常感谢他们一直以来的陪伴和支持。

导 言

“共享经济”“平台革命”“零工经济”“颠覆性创新”——这些都是在当前互联网变革时代应运而生的新概念。数字平台的兴起是技术创新和经济发展的动力，我们每个人都能够感受到这一变革为生活带来的便利，它使我们在没有企业或国家作为中介的情况下就可以在网上开展业务、交易商品和交换信息。如今，全世界的人都可以使用爱彼迎（Airbnb）在一个外国城市租一套公寓；去 Coursera 上学一门统计学课程；加入 PatientsLikeMe 交流自己的疾病信息；使用优步（Uber）叫车；通过脸书的即时文章阅读新闻；或者使用 Deliveroo 把食物送到家里。通过这种方式，用户可以免去亲自去大学注册、去医院看医生、买报纸或去饭店用餐，甚至不需要打电话预订酒店和叫出租车。平台的优势不仅仅在于可以提供个性化服务，促进创新和经济增长，同时也能有效地避免某些烦琐的环节和流程，节省不必要的开支。

一些学者将这一发展称为“平台革命”，并将重点放在被他们誉为“颠覆式创新”的技术发展所带来的积极的经济效应上（Parker，Van Alstyne and Choudary，2016；Sundararajan，2016）。公民个人或消费者可通过互联网进行线上的商业安排，因此他们对传统机构或公司，如出版商、新闻组织、医院、工会、经纪人等的依赖性大幅降低。基于互联网的乌托邦式市场能够让人们在不依赖线下中介机构的情况下，直接获得产品或服务。在这一发展的早些时候，一些理论家将在线平台的新生增长解释为是一种“参与式文化”经济的必然结果，这种文化始于社交媒体网络和21世纪初的Web 2.0（Archibugi，Filippetti and Frenz，2013；Jenkins，Ford and Green，2013；Aigrain，2012；Botsman & Rogers，2010b；Bruns，2008；Leadbeater，2009）。在线社交网络的丰富性使得人与人之间的直接联结成为可能，同时绕过了现有的社会组织。按照这种说法可以得知，互联网的连通性将导致大众的聚集性或关联性。

我们同意网络平台是经济社会发展的重要核心的观点，但我们认为网络平台既不是一种孤立的经济现象，也不是一种具有社会必然后果的技术建构。相反，我们更倾向于全面地看待这个万物关联的世界，在这个世界里，网络平台已经渗透到社会的核心——对体制、经济以及社会和文化习俗产生了全方位的影响，从而迫使政府和国家调整其法律和治理结构（Chadwick，2013；Van Dijck，2013）。在我们看来，平台并不会引起革命，相反，它正逐渐渗透到社会依存的（线下的、传统的）制度和实践中，并与之融合。这就是为什么我们更喜欢“平台社会”这一术语，这一词强调了网络平台和社会结构之间不可分割的关系。网络平台并不能反映社会，但它形成了我们所生活的社会结构（Couldry & Hepp，2016）。“平台社会”不仅将焦点从经济转向社会，这个词还关乎到在一个大多数互动都通过互联网进行的社会中，私人利益与公共利益之间的深刻讨论。因为平台在提高个人利益和经济收益的同时，也会对公共服务产生限制。比如，爱彼迎为一些人提供了利用空余房间赚钱的机会，也为其他人提供了相对便宜的住宿机会。但谁来为这些住宿的公共成本埋单呢？谁来执行消防安全规则呢？游客离开后，谁来打扫房间？再比如，学生们去消费Coursera上的“免费”课程，又有谁来为讲授这些课程的人工成本埋单呢？我们认为平台提供了一种与现有社会结构不同的新的社会结构。“平台社会”一词基于平台是社会不可分割的一部分，而目前社会的利益冲突存在于各个层面。因此我们想探讨，在当前社会环境下，平台是怎样引发一场关于个人利益、企业利益与公共利益相碰撞的“战争”的。其实，这是一场迟到的讨论，因为在争论公共价值和公共产品之前，许多平台已经拥有惊人的影响力了。

书的副标题用来表明我们所设想的更广泛的视角：在线平台在北美和西欧社会的公共价值组织中扮演了什么角色？平台既不是中立的，也不是无价值的建构，它在整个组织中拥有着特定的规范和价值观。规范可能会也可能不会与平台形成的价值观相冲突。欧洲社会的许多平台引入的价值观与其所根植的价值观并不相同。许多人认为创新和经济进步是平台社会的主要驱动力，但在将社会流量和经济交易转移到一个用网络连接的世界的过程中，我们发现其中还有要注重其他公共价值的问题。这些价值中的部分已经得到了广泛的关注，比如隐私性、准确性、安全性和保护消费者的问题。我们希望医疗应用程序能够准确地为用户诊断病情并保护患者隐私；消费者也希望网络上的数据能够具有私密性，发布的文件和照片受到保护，免受黑客、欺诈性用户和网络攻击。其他与公共利益和整个社会相关的价值也同样重要，比如公平、平等、团结、责任、透明。我们希望在线教育公平、无歧视；我们希望个性化的健康应用程序能够平等对待每个用户；我们还希望在线新闻网站提供快捷、准确的报道。

然而，网络平台的连接特性并不能自动转化为公共价值。隐私问题一直是平台所有者、国家监管机构、监督组织、公民和律师之间争论的焦点；它们需要在具体的环境中进行评估——也就是说，在具体的社会环境和具体的领域中进行评估（Nissenbaum，2010）。例如，透明的数据流可以帮助执法，但可能会与用户隐私保护或其他公共价值相冲突，如安全、反歧视或税收义务。这种冲突可能会显现出美国和欧洲国家之间的意识形态差异。尽管许多平台（尤其是占主导地位的平台）都是美国拥有和运营的，但欧洲的公共价值观往往与铭刻在平台架构中的价值观存在冲突。在爱彼迎所有者与地方议会之间、优步与国家政府之间的谈判中，不同的公众价值观被用作重要的论据——不仅在欧洲，在全世界都是如此。这些价值观都不是一成不变的，也不是毫无争议的；相反，它们左右着全球平台社会斗争中的利害关系。

平台社会：部分学术定义和阅读指南

第1章以爱彼迎为例，清晰阐述了为什么“平台社会”是一个备受争议的概念。这个词指的是在一个社会里，社会和经济越来越多地被一个庞大的全球在线平台的生态系统所引导，而这个生态系统是由算法和数据所驱动的。为了牢牢把握这里的利害关系，我们将在谈论“平台”和“平台生态系统”的时候定义并解释我们所要表达的观点。这两个词已经是广为接受的专业术语。[1]在线“平台”是一种可设计的数字架构，其目的在于实现用户之间的交互——不仅指终端用户，还包括实体企业和公共机构。平台用于用户数据的系统收集、算法处理、流通和货币化管理。单个平台并不能独立运作，它应该在一个由其自身运行逻辑构成的网络环境中运行。“平台生态系统”是一个网络化平台的集合，由一组独特的形成日常活动的机制（在第2章中会有所解释）来控制。欧美国家的平台生态系统主要由少数几家大型科技公司运营（如Alphabet-谷歌、苹果、脸书、亚马逊和微软），这些公司的非结构化服务对生态系统的总体设计和数据流的分布至关重要。此外，我们将解释几种行业平台的发展方式，这些平台往往与城市基础设施的核心无缝衔接，不仅包括交通和酒店等市场行业，而且存在于教育和卫生等公共行业。

尽管大型平台，尤其是五大科技公司运营的平台，可能会主导这个生态系统，但它们不是唯一的参与者。政府、现有的大小型企业、个体创业者、非政府组织、合作社、消费者和公民都参与塑造了这个平台社会的经济和社会实践。显然，在地方、国家、超国家组织和全球等各个层级上都存在不同利益行为者之间的冲突。世界各地的地方性政府正在越来越多地面对着在法律灰色地带运行的全球平台。

第1章从政治经济学的角度对平台社会的组织进行了理论分析，第2章则着重分析平台在社会经济互动中的作用机制。我们已经确定了三种主要机制作为生态系统背后的驱动力：数据化、商业化和选择。平台的作用机制不仅仅是技术或经济的过程，还强调技术、经济模式和用户之间的相互作用：当平台机制反作用于社会互动的时候，用户的概念也需要重新定义。[2]理解平台社会需要对生态系统的动力和它们形成的技术经济和社会文化实践进行透彻的分析。

正如我们提到过的，“平台社会”的兴起，以一系列各种价值系统的冲突为特点，对个人利益与公共利益之间的平衡提出了质疑。第3章到第6章将重点放在四个不同的社会行业，从主要市场主导的领域到公共领域，都要问这样一个问题：从世界范围来看，平台及其机制在不同的个人和公共部门间该如何得以实现？做出个人与公共范围的清晰划分很难，但并非不可能（Dulong de Rosnay & De Martin，2012）。因此，我们关注当平台在每个部门使用执行的过程中，不论是占主导的公共领域，还是个人领域，公共价值观是如何被质疑的。事实上，私有化的过程通常是这些争论的核心。这四章中的每一章都探讨了一个关键内容：平台给当前社会的前提条件、运行实践，以及利益冲突带来的变化。我们将解释在线平台如何渗透到特定领域，基础设施和行业平台是如何作为一个整体嵌入到生态系统中的，哪些公共价值观是被拥护的，哪些是被反对的，实施条款是如何协商的，以及它们如何影响各行业和社会的组织。

第3章涵盖了新闻和新闻学领域。作为一个主要的市场领域，新闻无疑体现了公众的深切关注。平台发布新闻的独立性和可信度的核心价值越来越受到公众的监督，这是因为发布新闻的平台会引导新闻的产生和发布。第4章将重点转移到城市交通的市场领域，优步和Lyft等叫车软件在全球许多城市产生了重要影响。我们有意地扩大了关注点：从出租车服务，到有打车软件的城市交通，在这个行业里，充满了个人利益与公共利益的交叉。第5章，我们调查了受到平台强烈影响的卫生行业。在健康和健身应用程序的革新领域，最紧迫的问题就是安全性、隐私性和准确性。如果有人为达到研究目的而获取数据，那么这些问题就会与公共价值相悖。第6章，我们集中讨论教育，通过观察美国以及欧洲基于数据的小学和大学在线平台的使用情况，探讨从隐私保护到可访问性和教育的过程中，平台到底对公共价值有什么影响？

在第7章，我们将把重点从过程分析转移到政策规范上，并重回这本书的主要议题：谁应该对在平台社会中确定公共价值而负责？一个平衡的平台社会，即一个以透明和负责任的方式确定其公共价值的开放社会，其责任的建立者应是与之相关的所有参与方：企业、政府和民间社会行为者。虽然实现这种平衡需要这三方，但我们认为超国家组织、国家和地方政府在这方面负有关键责任。特别是在欧洲，政府不仅是市场动态和公平竞争环境的仲裁者，而且也应该积极地代表公民和消费者就公共价值进行谈判。在讨论政府的潜在作用时，我们讨论了它们需要如何调整监管和控制手段，以保护公共价值。欧洲政府承认它们与美国全球平台生态系统架构中的价值观存在差异。这场全球竞争远未结束，相反，它正在如火如荼地进行。

这里有两条免责声明：首先，虽然我们试图在这本书中提供对互联世界中如何协商公共价值这一复杂问题的全面认识，但平台社会不能刻画出这个世界应该是什么样的蓝图，也无法向学术界回答如何解决伴随平台化而来的各种复杂问题。最重要的是，我们的努力是一个多学科的尝试，不仅要从科学技术、政治经济、商业和管理领域入手，而且要从媒体研究和法律研究中收集文献。我们不可能在一本书中涵盖所有相关的学术角度和方法。我们很抱歉不能对每个学科都做专业化的分析，因为我们在擅长的媒体研究领域更加得心应手。然而，这本书以其包罗万象的能力，应能够为其他学科提供借鉴价值。另一个免责声明涉及我们的研究对象，那是一个极具变化的研究对象。当这本书出版时，毫无疑问会有新的现象出现，影响平台在数字世界秩序中的地位。在我们的研究中，我们不可能包含或预测所有最新的“热门话题”，因此我们主要致力于分析和阐明平台生态系统的支撑机制。这样做，我们希望给学生和学者提供一个可以帮助理解和塑造平台社会的工具。

注释

1. Tarleton Gillespie（2010）是第一个将“平台”理论解释为一种具有广泛分层含义的人，包括其技术、隐喻、政治和物理方面。最近，Gillespie（2017）进一步阐述了这个隐喻，论证了为什么它既是不可避免的，又是具有误导性的。尽管这个词突出了在线服务的某些方面特征（如：平等、开放、稳定），但“平台”却隐晦地淡化了其他方面（如：它们不是统一的、它们拥有不同的社区、逃避社会责任的问题）。第1章将阐述平台概念的“内在性”和混合性。

2.“用户”是一个非常笼统的术语，不仅指平台的最终用户，而且更广泛地包括由平台促进生产、消费或聚合内容或服务的任何实体；因此，企业和机构也可以被吹捧为“用户”。在同时指消费者、公民、小微创业者等，这个术语（意图联盟）也很模糊。在本书的其余部分，我们将不会把“用户”归为一类，在不同的章节中，会有不同的含义。

目　录

第1章　平台社会是一个争议性的概念

1.1　引言

自2007年住宿平台上线以后，“爱彼迎体验”迅速传遍全球。目前它是在线酒店服务的市场领导者，人们可以通过该平台租赁或出租自己的私人空间。阿姆斯特丹已经成为2018年最受爱彼迎用户欢迎的目的地之一，每年有超过22 000套公寓在网站上发布。它的好处是显而易见的，市民可以通过为游客提供私人空间来赚取可观的收入，并且旅游收入也有利于当地经济的发展。但另一方面，市议会也面临着许多问题和麻烦[1]，因为平台住宿在受到欢迎的同时也带来了烦恼：除了垃圾、噪声和喧闹的游客打扰到市民个人之外，城市安全问题也随之而来。房东很快发现爱彼迎是出租房产最简单、最便宜的方式，这也引发了人们对酒店行业经营者的不公平竞争的担忧。

虽然酒店在安全方面得到了许可，并且缴纳地方税，但爱彼迎这样的住宿平台拒绝贴上成为任何正式部门的标签：它们没有自己的房产，不用雇用酒店员工，所以它们不需要遵守规章制度。该平台仅仅使“主人”和“客人”能够在线对接即可。为了执行当地法规，城市管理人员多次要求获得访问爱彼迎的用户数据，但均以保护用户隐私的理由被拒绝。经过几个月的紧张谈判，该市管理层最终与爱彼迎达成了协议：2016年12月，该平台宣布将强制执行该市规定的最多60天的消费者住宿期限。[2]正如政策制定者所说，该协议标志着我们迈出了维护市民适宜居住环境的第一步。

然而，仅仅与最大的平台达成协议还不够，因为爱彼迎有很多竞争对手，包括9Flats、Wimdu、BeWelcome、Couchsurfing、HomeExchange和TripAdvisor，它们都在不同的条件下运营。在寻求解决方案的过程中，城市管理者就像走钢丝一样，在私人利益和公共利益之间寻求平衡——在爱彼迎房东利益和那些指控房东非法经营酒店的普通酒店业主利益之间进行权衡。除了要保护一个公平的竞争环境，还有一个问题就是在房地产价格不断上涨的情况下，市民能否负担得起这些费用。在与欧洲其他城市合作的同时，阿姆斯特丹开始寻找各种永久性的解决方案。2017年10月，市议会实施了一项地方登记制度来规范住宿平台，未列入官方酒店或简易旅店（住宿+早餐）的住宿平台可以获得在线旅游住宿许可。登记成为爱彼迎和酒店业持续谈判的起点，一直持续到今天。

在线住宿平台对酒店行业的入侵只是社会众多领域中的一个例子，全球高强度的互联数字基础设施使得社会和经济互动变得越来越频繁（Guttentag，2013；Davies et al.，2017；Stabrowski，2017）。在本章中，爱彼迎和酒店行业的分裂将作为一个引子，定义平台社会作为一个有争议概念的利害关系。我们将提供一个研究视角，涉及单个平台的微观层面、平台生态系统的中观层面，一直到平台社会的地缘政治的宏观层面。我们不能脱离整个社会和政治结构去孤立地研究平台，因为这些平台都依赖于人类从21世纪初就开始稳步建设的全球基础设施。

正如爱彼迎案例所展示的，平台的发展导致了利益相关者在公共价值观上的冲突。这场冲突中所涉及的价值观不仅是经济和社会的，而且不可避免地涉及政治和意识形态，这就是为什么我们还需要研究网络平台在全球化世界秩序中组织社会的作用。平台基础设施的地缘政治决定了权力的分配方式，不仅包括市场权力，也包括国家权力。大西洋两岸以美国为基础的平台、政府和地方社区之间的冲突，通常是围绕哪些公共价值受到威胁、社会希望如何保护它们以及现有的监管工具是否适用于这些问题而产生的争议。在解决治理问题之前，我们需要理解一个平台是由什么构成的，这个平台社会是如何产生的，以及它是在什么前提下建立起来的。

1.2 平台剖析：结构要素

在引言中，我们将平台定义为：为了组织用户交互而设计的数字架构。许多人认为平台只是一种技术工具，可以让他们在网上做一些事情：比如聊天、分享、评论、约会、搜索、购物、听音乐、看视频、打车等。但这些在线活动背后隐藏着的不仅仅是一个便捷的逻辑系统，实际上它还影响了我们的生活方式和社会组织方式（Gehl，2011）。我们可以将单个平台的结构元素解释为：平台由数据驱动，通过算法和界面自动组织，并且由业务模型驱动将所有权关系形式化，通过用户协议进行治理的过程。在讨论下一章平台机制和作用之前，我们将放大这些技术、经济和社会法律元素来解释它们治理权力的本质。平台自动收集大量数据——包括内容数据和用户数据（Driscoll，2012；Mayer-Schönberger & Cukier，2013；Turow，2012；Van Dijck，2014）。数据的收集是由硬件和软件同时进行的；人们用来访问平台服务的设备通常都配备了能够自动收集数据的软件和应用程序。在每次点击鼠标和光标移动时，平台都会生成、存储、自动分析和处理用户数据，这些数据不仅仅是Internet的协议地址和地理位置，还有关于用户兴趣、偏好和品位的详细信息。另外，通过在网站上设置“社交按钮”（Social Button）和“像素代码”（Pixel）（如脸书、推特、LinkedIn、Instagram、YouTube或谷歌+都设有这种功能），大量的用户数据也会被平台自动收集（Gerlitz & Helmond，2013）。

数据为平台之间建立密切联系提供了动力。通过应用程序编程接口（APIs），平台向第三方提供对其平台数据的访问权限，让他们深入了解用户行为和指标——基于这些信息，他们可以构建新的应用程序或平台（Helmond，2015；Langlois et al.，2009；Zittrain，2008）。自从eBay在2000年推出了第一个开放API后，它的员工就把网络变成了一个由数据驱动的平台生态系统。

算法是定义平台连接架构的另一个重要技术成分；它们是一组自动指令，用于将输入数据转换为所需的输出（Gillespie，2014；Pasquale，2015）。例如，谷歌的PageRank算法通过计算数字来定义web页面的相关性和超链接页面的质量；脸书的新闻订阅算法根据“朋友”和“朋友的朋友”的在线活动来计算你将接触到的内容（Bucher，2012）。平台使用算法来自动过滤大量的内容，并将用户与内容、服务和广告联系起来。尽管平台所有者可能揭开了他们的算法是如何工作的面纱，但他们通常会很好地保守商业秘密。这种算法现在已经变得越来越复杂，并不断地更新。[3]

如今，讨论的焦点已经从技术关系转移到经济关系上。平台架构上两个特别重要的组成部分是它的所有权状态和商业模式。从前者来看，每个平台都具有特定的法律经济地位；更明显的是，平台可能是在营利或非营利性的基础上运营的，尽管这样的标签通常会暗示谁将从平台的活动中获利。[4]例如，爱彼迎由一家美国公司运营，总部设在旧金山，在全球19个城市设有分支机构；这家公司归股东所有，除了创始人之外，股东们许多都是硅谷的风险投资家。一家公司自称是“全球”或“美国”，会对其遵守包括税收在内的监管制度产生影响。所有权状况也会影响网站的经济交易和其与用户的互动。对于用户来说，识别所有者与消费者之间的关系是很重要的，并且这种关系可能会随着时间的推移而改变。Couchsurfing公司就是一个很好的例子，这个共享住宿平台创建于2005年，最初，Couchsurfing是由来自美国、加拿大、奥地利和新西兰的团队集体运营的。2011年，当该网站从一个由捐赠资金资助的志愿者组织转变为一家公司时，有许多会员还曾反对公司从一个非营利的“旅行者网络”转变为一个营利的“住宿网站”的做法。[5]现在来看，这种转变可以解释为一种对不同商业模式的选择。

平台中的商业模式是指创造和获取经济价值的方式。在网络世界里，价值是用各种货币来衡量的：与金钱和注意力一样，数据和用户价值已经成为流行的货币化手段。在网络世界中，最大的谬论是平台服务是“免费的”。许多平台服务貌似不收费。脸书、推特和谷歌+只是众多在线社交网络中的少数几个，它们通过用户、内容、数据和广告之间的自动连接来赚钱（Couldry，2015；Fuchs，2011；Turow，2012）。许多平台采用的“免费”策略搭建了一个生态系统，默认模式是用便利的服务交换个人信息（Schneier，2015）。通过自动收集和处理用户数据，平台可以定位和描述单个用户和用户群。不用说，人口统计分析和消费者定位一直是大众媒体将读者或观众的信息货币化的手段之一，但数据分析提供的精准测算比老式的分析方法更加精确和快速（Nieborg，2017）。这种自动化的精准度使得个性化的广告可以实时进行，例如，脸书就可以做到识别并锁定居住在特定地区、年龄在20~25岁、正在寻找新智能手机的女性。

单个平台可以选择一系列不同的商业模式，通过出售广告、订阅用户数据或付费活动，从数据、内容、用户联系和关注等方面来创造价值。此外，它们还可以将数据卖给其他需要分析信息的公司或政府。举例来说，爱彼迎会向房东和房客收取每次预订的费用，同时还会向第三方出售用户数据，用于定向广告。[6]Couchsurfing的运作方式是收取会员费，而不是按每笔交易收费，它是允许会员之间自由地分享信息的。当该网站从一个非营利机构转变为营利机构时，还曾有许多成员反对采用依赖数据共享和广告的商业模式。因此，商业模式是“网络理念”中复杂的一部分，反之也会体现在其架构中。

平台的技术和经济因素引导着用户互动，同时也塑造着社会规范。尽管一个平台的架构提供了特定的用途，用户经常会遇到有限的选择，但平台架构不是嵌入平台技术商业系统的“木偶”。通过它的接口、算法和协议，一个平台可以进行用户交互，鼓励或阻止一些其他连接（Helmond，2015）。例如，在界面的右下角插入“喜欢”按钮比在左下角插入“喜欢”按钮更能激发用户点击。事实上，人们可能会说，任何主要的平台都是一个重新校准的实验室，在那里，用户不断地测试新功能（Benbunan-Fich，2016）。当脸书因收集性别和性取向信息的双重方式而受到大众批评时，该公司的解决办法是加入了一系列“其他”身份选项，包括所有选项之外的可能。这种变化不仅在经济上有意义，能引出更精准的客户信息，而且还通过扩大传统的二元选项积极地影响了社会规范。

平台管理方法中的另一个重要元素是它的用户协议，通常称为“服务条款”（ToS）。这些准法律合同定义塑造了用户和平台所有者之间的关系，但它们往往很长，难以理解，而且经常变化，这就是为什么许多人甚至不看这个“协议”就勾选了。[7]“服务条款”（ToS）不仅仅定义服务条件：它可以被用来加强源于隐私的规范或价值观；还可以说明平台所有者享有哪些特权。例如，2016年11月，爱彼迎出台的反歧视政策，提出房东不能“拒绝或强加任何有关客人种族、肤色、民族、国籍、宗教、性取向、性别身份，或婚姻状况的条款或条件”（2016年爱彼迎的服务条款）。另一项新增规则是，用户允许平台运营商通过查询公共数据库（包括刑事定罪的公共记录）进行背景调查，并能对照检索房主和房客的个人信息。除了有法律义务披露的信息外，爱彼迎没有权力曝光它收集到的其他用户信息。因此ToS是平台所有者管理与用户、合作伙伴、客户和其他方之间关系的重要工具。出于同样的原因，这些迎合公众诉求的管理引出了公共合法性的问题：平台公司常常不得不回应公众意见，并通过调整政策来回应法律或监管要求。

综合考虑这些技术、经济和社会平等的因素，平台的架构形成了平台驱动的动态社会属性。对单个平台的剖析有助于我们理解其组合系统是如何管理用户和用户行为的。尽管每个平台都是一个独立的实体，具有独特的功能组合，但它只能作为一个更大的生态系统运行的一部分。

1.3 平台生态系统：构建基础核心

自21世纪初以来，互联网平台组织发展迅猛，大量权力已经移交到少数几家公司手中。它们掌握着网络社交的门户，控制着信息服务的关键环节。北美和欧洲在线空间的信息生态系统中心是由五大科技公司（如Alphabet-谷歌、脸书、苹果、亚马逊和微软）拥有和运营的，它们的实体总部都位于美国西海岸。我们接下来要讨论的主要问题是，平台生态系统正在陷入自相矛盾的境地：它看起来是平等的，但实际上却划分了不同的等级；它几乎完全是企业性质的，但又服务于公共价值；它看起来是中立的和不可知的，但是它的架构承载了一套特殊的意识形态的价值观；它的效果是局部的，但其范围和影响是全球性的；它似乎用“自下而上”的“客户授权”取代了“自上而下”的“大政府”，但它通过一种高度集中的建构做到了这一点，并且这种建构对用户仍然不透明。我们将在下面更详细地讨论每个悖论。

显然，平台生态系统不是一个公平的竞技场，有些平台的公平性比较差。我们在这里要区分两类平台：基础设施平台和行业平台。最具影响力的基础设施平台，大多是由五大科技公司拥有和运营的。它们构成了生态系统的核心，许多其他平台和应用程序都需要在此基础上运行。五大科技公司通过管理、处理、存储和引导数据流的方式扮演着在线“看门人”的角色。基础设施服务包括搜索引擎和浏览器、数据服务器和云计算、电子邮件和即时通信、社交网络、广告网络、应用程序商店、支付系统、身份识别服务、数据分析、视频托管、地理空间和导航服务，以及越来越多的其他服务（见图1-1）。第二类是行业平台，服务于特定领域或细分市场，如新闻、交通、餐饮、教育、卫生、金融和酒店业等。在讨论完五大科技公司基础设施平台的强大地位之后，我们再来论述它们。

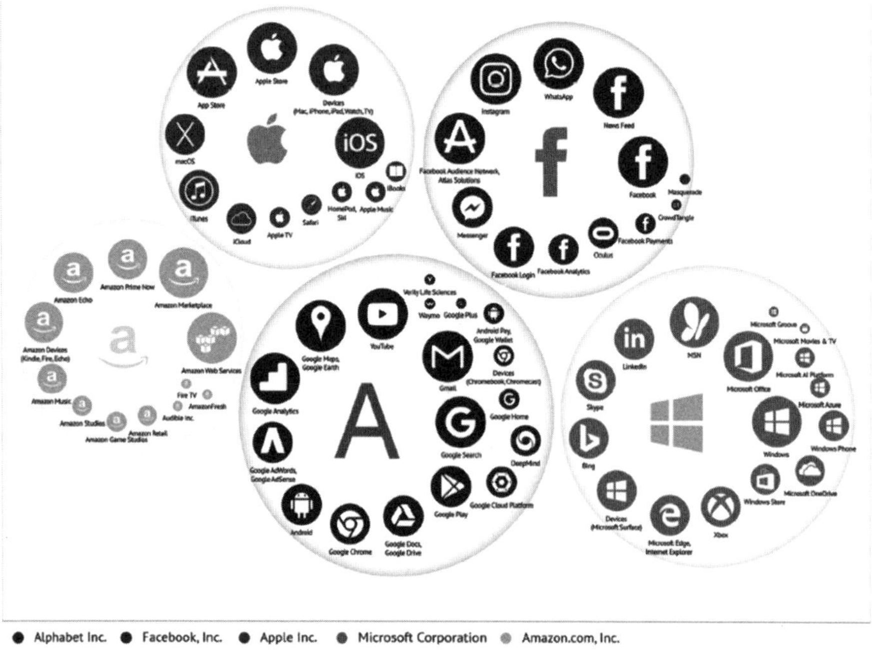

图1-1　五大科技公司所提供的基础设施服务示意图（黑体部分）

注：依据它们对平台生态系统的重要性，不同的服务按比例表示

（图由Fernando van der Vlist设计）

Alphabet作为谷歌所有服务的保护伞，在生态系统中提供了大量的关键设备：例如，搜索引擎（谷歌搜索），手机操作系统（安卓），Web浏览器（Chrome），社交网络服务（谷歌+），应用程序商店（谷歌 Play），支付服务（谷歌钱包，安卓支付），广告服务项目（AdSense），视频分享网站（YouTube）和地理信息系统（谷歌地图、谷歌地球）。还有一些重要但相对不那么明显的服务：比如包含53项服务的谷歌云平台，还有谷歌计算（Hardy，2016）。Verily Life Sciences（原名Google Life Sciences）于2015年成为Alphabet的独立子公司。最近，Alphabet收购了英国公司

DeepMind和专门开发城市创新基础设施的Sidewalk Labs，并对人工智能项目进行了大量投资。Alphabet还通过提高Chromebook（一种低价位的笔记本电脑）市场份额的方式来巩固其硬件设备的地位，并且，Chromebook预装了谷歌软件包，包括浏览器、邮件和特定应用程序等各种软件。

仅次于Alphabet-谷歌的脸书，在社交网络服务领域控制着80%的市场，并在全球拥有超过20亿的用户。脸书通过增加视觉吸引力和信息功能，扩大了该App的使用并增加了初始用户群数量，因此后来脸书收购了Instagram（2012年）和WhatsApp（2014年）。脸书和谷歌总共控制了超过60%的网络在线广告——许多是基于网络商业模式的主导部分。[8]脸书和谷歌还控制着很大一部分在线身份识别服务（比如登录脸书），这是许多其他服务的重要入口。此外，通过其广受欢迎的“移动应用系列”（如脸书、Messenger、Instagram和WhatsApp），脸书已经在很大程度上控制了人们的个人信息流。

这个生态系统的另一个主要参与者是亚马逊，包括其配送商品的物流网络。亚马逊是世界上最大的数字零售平台之一，它还引领着云服务器空间和云计算软件市场。亚马逊网络服务控制着多个领域的80多个中心，包括电话营销、数据库管理和分析服务。当然，苹果是移动硬件（手机、平板电脑、手表）的主要生产商，这些硬件都有自己的操作系统和软件。该公司还运营着生态系统中的第二大应用程序商店（苹果应用程序商店），提供成千上万款应用程序，并开发了云储存和在线服务（iCloud以及iTunes）。微软在20世纪80年代和90年代在个人电脑软件领域发展壮大，成为该领域的领头羊。但此后它将重心转移到了在线服务。LinkedIn和微软Azure（云计算）只是这家总部位于西雅图的公司运营的60多个平台服务中的两个。

原则上，平台生态系统允许各种新来者进入；实际上，五大科技公司的基础设施平台毫无节制地增长，几乎没有给竞争对手留下什么空间，也不会让它们渗透到美国生态系统的核心。五大科技公司之外的所有平台都依赖于生态系统的基础信息服务。例如，爱彼迎将谷歌地图作为标准功能嵌入到其界面中；它还整合了脸书和谷歌的身份识别服务，以“分辨”房东和租客。行业平台以及与基础服务相结合的数以百万计的网站和应用的蓬勃发展，使网络和应用生态系统的用户数据收集成为可能，而五大科技公司从中获利最多。像Spotify和Netflix这样的数字颠覆者也在依赖于五巨头的基础设施：Spotify的服务运行就是由谷歌云提供的，而Netflix则依赖于亚马逊的网络服务。媒体行业的很大一部分，尤其是游戏行业，完全依赖于谷歌和苹果公司运营的应用商店（Nieborg，2015）。五大巨头几乎正在所有领域迅速扩张它们的影响力，它们不仅能够推出自己的特定行业平台或收购成功的初创企业，还会通过投融资、合作或其他联盟等方式巩固自己的地位。[9]五大科技公司中的一些公司最近已开始涉足传统的实体企业或生产服务领域。[10]

当然，建设基础设施平台不是企业的特权。但到2018年，西方在线基础设施的核心已经完全私有化。从历史上看，有形基础设施的建设——无论是铁路、公路、空中交通控制系统，还是互联网本身——总是以公共和私人投资为基础的。在当今的网络世界，政府、公共机构和非政府组织（NGOs）当然可以运营自己的平台，但作为自主行为者，这样做越来越困难。没有连接到生态系统核心的平台很难从其内在特征中获利，例如：全球连接、无处不在的可访问性和网络效应。公共和非营利性平台经常不得不依靠脸书或谷歌来提供登录设施和搜索排名，以获得有价值的访问信息，并接触到大量的用户群。现在的情况是，在这个集体运作的生态系统中没有真正的公共“空间”。基础设施平台已经开始渗透到现有的社会中，因为生态系统正越来越多地与既定的制度结构相融合。在某种程度上，政府和公共机构的运作都依赖于私人在线基础设施的使用——实际上，这几乎是19世纪工业革命的一个转折点，因为当时基础设施在很大程度上仍依赖于公共投资。

一些学者认为，五大科技公司的基础设施平台或多或少起到公用事业或“超级平台”的作用，因为它们可以提供重要的基础信息服务，其他行业平台可以在此基础上堆叠或构建（Andersson-Schwarz，2017）。的确，如果没有这些平台作为媒介，将商品、服务、信息和交流与用户或客户联系起来是不太可能的。然而，基础设施平台的核心并不是不可进入的，其他平台也并不完全是“堆叠”在这些核心平台上的，而是与这些核心平台交织或集成在一起。在Plantin等人（2016）的一篇文章中，他们提出了这样一个有见地的问题：由少数“生态系统建设者”运营和拥有的中心节点是否应该被视为平台、基础设施，或者两者兼之。他们争论的焦点是所有的基础设施服务都是“平台化”的，而主要的平台正在变成必不可少的基础设施。[11]他们总结说，五大平台所有者已经为一个系统奠定了基础，该系统为用户提供便利，以换取对用户数据的控制权，而这样“对基本需求的全面渗透也会带来潜在的政治、环境和伦理风险”（Plantin，2016）。基础设施平台可以获得如此巨大的能量，因为它们是唯一能够连接和结合数据流，融合信息和智能的途径。

1.4　行业平台和混合角色

除了基础设施平台之外，我们还可以区分特定行业平台，它们为某个特定行业提供数字服务，如健康卫生、零售或交通。许多有名的行业平台没有物质资产，没有特定的员工，也不提供有形的产品、内容或服务。它们仅仅是单个用户和单个提供商之间的“连接器”。爱彼迎是“房东”和“租客”之间的桥梁，他们都被称为“用户”。根据爱彼迎的ToS条款的界定，“房东”不是雇员或企业，而是小微创业者；“租客”也并不是通常意义上的消费者。尽管爱彼迎越来越希望将其体验标准化，比如，要求“房东”采用特定的招待标准。但是，作为一个互联型平台，爱彼迎宣称它不提供像在酒店住一晚这样的常规服务，所以它不认为自己要对“产品”负责。事实上，爱彼迎让用户产生的非正式服务变成了准正式的商业形式。

互联型平台依赖于“互补者”——通过平台向终端用户提供产品或服务的组织或个人，将不同的“参与者”相互连接，从而形成多边市场（Evans & Schmalensee，2016；McIntyre & Srinivasan，2017；Nieborg，2015；Rieder & Sire，2014）。互补者可以是那些受行业监管限制的组织，它们遵守法律规则、职业规范和劳动关系，比如凯悦酒店和假日酒店（Hyatt and Holiday Inn hotel）；也可以是公共机构和政府，例如，大学和医院可以作为行业产品、知识和服务的提供者。互补者还可以是小微创业者，他们能够提供（私人）汽车、公寓或专业技能——通过爱彼迎出租公寓的个人就是一个例子。通过全球潜在客户使用的专业连接服务，传统互补者可以触及更广泛的受众。在酒店行业，预订网站功能是在酒店搜寻者和大型连锁酒店以及小型家庭式酒店之间充当在线中介。对于这些连接器服务，它们向酒店所有者收取交易费，而不是向客人收取。正是这类新中介为平台增加了很多经济价值，但也引发了与公共价值有关的各种问题，比如不稳定的劳动力、公平的竞争环境，以及公共成本。我们将在下面讨论这些关系。

基础设施平台和行业平台之间的区别并不是固定的；相反，有一种持续性动力驱使它们走向一体化。基础设施平台运营商正越来越多地通过向行业连接器扩张来扩大其影响力。例如：谷歌教育应用程序或谷歌学术，这些服务与谷歌搜索的关系密不可分，并由谷歌搜索驱动。苹果的Health Kit和Research Kit提供整合服务，将患者和健康专家的数据与苹果的基础平台（例如苹果的App Store）绑定在一起。除此之外，它们还在经济上相互融合以及扩张。科技公司通过收购传统公司（如亚马逊收购全食超市）或成为战略合作伙伴（如谷歌持有优步20%的股份）的方式对其他行业进行战略投资。我们在各个领域看到的是，“五大科技公司”正通过行业平台和基础设施平台的结合，积累技术和经济实力。图1-2说明了平台生态系统如何像一个恒星系统一样运行——一个围绕少数几个主要行星旋转的宇宙。

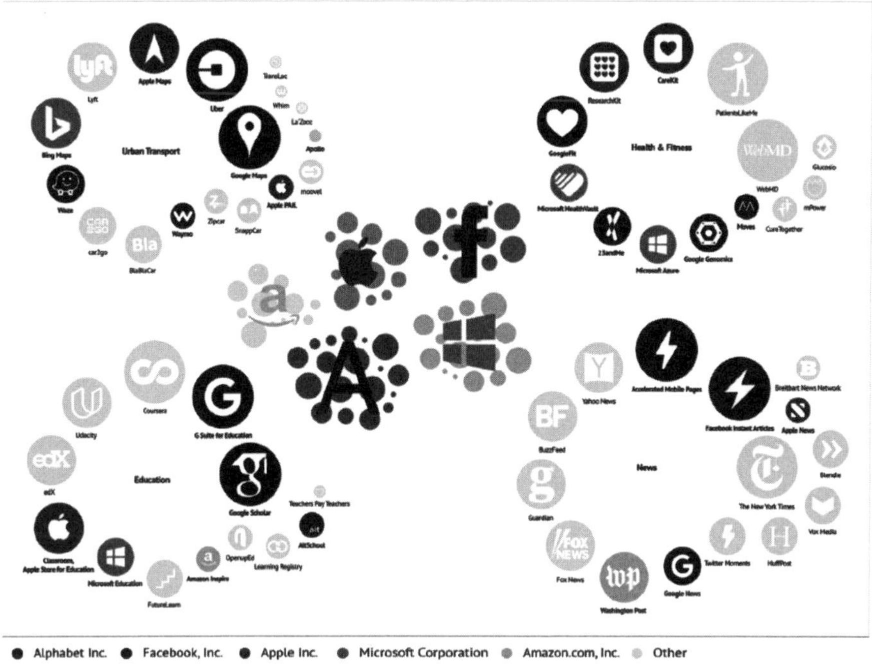

图 1-2　五大科技公司开发的行业平台示意图（黑体部分），以及其他行业平台

（图由Fernando van der Vlist设计）

虽然图1-2显示了五大科技公司的基础设施平台在特定领域的渗透，但这种表现是不固定的。由于这个系统是不稳定且动态的：平台的状况就会受到持续变化的影响，我们称这一过程为“平台化”。因此，“基础设施”和“行业”平台、“连接器”和“互补”等词最好理解为特定行动者所发挥的作用和关系，而不是固定的类别。这些角色也会随着时间和环境而变化，例如，优步可以被理解为一个连接器，它通过其独立平台匹配司机和乘客。然而，优步也扮演了一个互补的角色，它通过一个综合交通平

台为众多交通供应商提供服务。如果它将其声誉系统或地图数据提供给第三方，它将扮演基础设施平台的角色。然而，这些角色标签都是相关的，因为它们表达了新兴平台生态系统中的特定权力关系。

平台化指的是整个社会行业由于网络连接者和互补者的相互塑造而发生转变的方式。在这本书的第3章到第6章中，我们将聚焦于四个正在经历平台化的社会行业。我们将不再按照既有的平台类型来分类（即它们是什么类型的平台?），而是专注于“功能”分类：识别平台机制和用户之间的相互塑造的作用（即平台在特定环境中是如何工作的?）。为此，我们提供了一个分析的视角，揭示了基础设施和互联型平台之间以及互联型平台和互补者之间的动态关系。

识别各种类型的平台及其连接功能绝非小事。一方面，平台功能分类可以帮助立法者更新他们的监管框架，例如，反垄断法或竞争法。基础设施平台和行业平台之间的垂直整合潜力是无限的，为用户和消费者创造路径依赖也是如此。另一方面，一些平台在基础设施核心近乎占据垄断地位，加上行业平台的主导地位，使这些公司变得“流动”起来：它们的数据流渗透到许多行业，形成了一种新型的组织模式，对传统的“行业”含义进行了重新定义。为了理解这种新的动力，我们需要考察基础设施和行业平台是如何相互关联的：这种相互加强有时体现在技术或计算工作上，有时体现在治理或所有权问题上。更重要的是，权力的增强通常发生在跨行业领域，因为数据流可以通过基础设施平台在行业之间操纵。例如，谷歌的搜索和广告服务，就可以与它的教育平台相结合。

这种功能分类还可以帮助政治家和政府决定科技公司对其在线服务和产品负有什么责任。许多西欧国家的治理体系依赖于基础设施和行业的划分，但平台故意模糊了这些类别。比如，爱彼迎称自己是一家科技公司，为某个特定领域的用户提供连接服务，该公司声称对该领域不承担任何责任。正如我们将在下面章节中解释的那样，爱彼迎并不是唯一一个挑战现有社会秩序的连接型网络平台，优步也一直拒绝使用“出租车行业”这个词，因此绕开了适用于交通行业的监管规定。另外，直到2017年，脸书都拒绝称自己为媒体组织，因为它不生产新闻内容，即使超过40%的美国用户通过该社交网络的News Feed功能接收新闻（Napoli & Caplan，2017）。因此，这些平台将自己与特定行业的互补者区分开来，显然就是为了其能够获得独立的市场地位。

然而，连接型平台不能也不应该与社会组织、行业和基础设施分开考虑；相反，它们对经济和国家的运转已变得至关重要。“互补者”一词就提出了一个问题：谁能互补谁：显然，连接器依赖于“互补者”——无论是企业、个人、机构还是政府——提供必要的内容和服务来运营其业务。优步需要有私家车的个人司机；爱彼迎需要拥有房产的个人房主；脸书需要新闻机构来发布（准确的）文章；Coursera需要有教师的大学。它们都需要传统公司、当地社区或国家政府提供实体服务。运输供应依赖于公路、铁路和交通管制；街道需要清洁，游客住宿的安全需要加强；没有政府或大学资助的教师，教育平台就无法运作。换句话说，为了经济上的成功，公司拥有并运营的连接型平台要高度依赖于私人和公共投资（Mazzucato，2013）。

因此，连接器不能仅仅看作是社会和经济活动的“促成者”，而是一种新的混合角色：平台运营商和用户。这些术语的“中间性”似乎保证了连接型平台可以绕过那些建立在二元社会秩序之上的规则，比如：市场与国家、消费者与公民、私人与公共、营利性与非营利性。我们的许多制度和法律框架仍然基于这些二元体系，尽管有人可能会说，私人和公共、市场和国家、营利和非营利性之间的区分从未明确过。事实上，自20世纪末以来，人们对市场效率的日益信任，已经导致医院和大学等公共机构向市场开放。不过，可以有把握地说，公共部门的市场化早在平台化出现之前就开始了，而在线生态系统加速了它们的进一步融合。这种混合状态，使得平台运营商和用户可以绕过监管，或者逃避法律或习惯规定的专业规范和标准，从而形成一个法律和社会的灰色地带，以便在与监管机构和传统行业的竞争对手的争夺中确立自己的地位。图1-3描绘了市场、国家和社会行动者之间的紧张关系——正如我们将在本章后面讨论的那样，这种紧张的关系是围绕着价值观展开的。

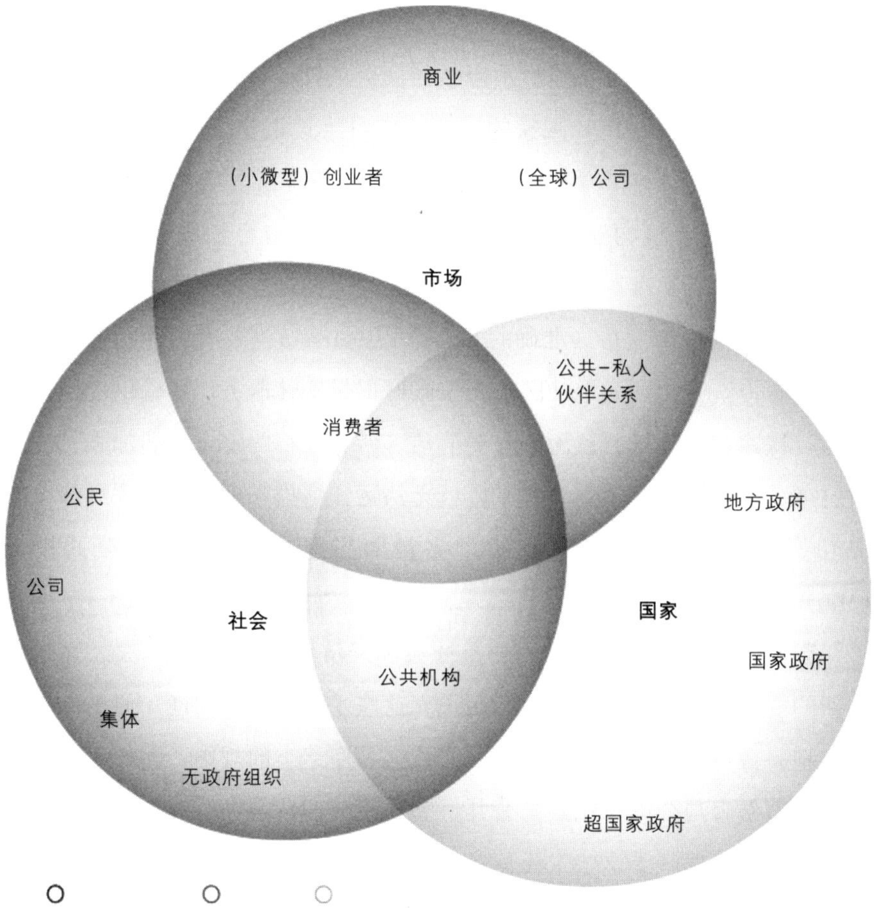

图1-3　塑造平台社会的市场、国家和社会行动者示意图

注：私人和公共行为者不总是明显区分，而是在一定程度上部分重叠（图由Fernando van der Vlist设计）。

尽管基础设施已经渗透到私人和公共部门的所有行业，管理平台社会的任务也不能简单地交给市场。政府在地方和国家市场监管方面一直发挥着独特的作用，它们允许自我监管，将执行权外包给专业组织。反过来也一样，政府和公共机构一直与企业各方合作，履行其公共职能。然而，在平台社会中，这些关系正变得越来越复杂。正如法律学者Julie Cohen（2016）观察到的，“市场是流动的、相互关联的，信息服务位于复杂的媒体生态中，网络化的平台和基础设施创造了复杂的相互依赖和路径依赖”。

我们不应将平台生态的混合性或流动性特点来作为模糊公共与私人、国家与市场之间区别的理由；相反，当涉及建立社会秩序时，这些区别仍然非常有意义。既然世界上很大一部分地区的人们正在习惯一个主要由全球私营企业设计、拥有和运营的基础设施生态系统，我们就需要格外警惕公共价值和公共利益的变化。生态系统本身（它在算法、商业模式和用户活动的架构中得到巩固的方式）并不是中立的；相反，平台生态系统中的价值取向，在公共价值的形成和公共利益的服务上发挥了重要的影响作用。在第2章中，我们将详细解释这些机制是如何发挥作用的。首先，我们需要更详细地解释我们所说的“公共价值”是什么意思，以及在一个平台社会中各个参与者是如何争夺它的。

1.5 公共价值和私人利益

“公共价值”是指一个组织为实现公共利益而对社会作出贡献的价值（Moore，1995）。共同利益通常会转换为若干对策，然后通过集体参与形成一套共同规范和价值观将其实现（Bozeman，2007）。不用说，公共价值和公共利益在历史和意识形态上是可变的，它们是关于社会基础的民主辩论的焦点。创造公共价值并不是公共部门的唯一特权。正如图1-3中提到的，任何类型的参与者都可以做出贡献。理想情况下，为公共利益创造公共价值应该是所有社会角色（公司、公民和政府）的共同责任

（Helberger，Pierson and Poell，2018）。不过，在大多数西方国家，国家和公共机构历来都是公共利益的指定监察者。即使部分维护和执行工作外包给了私营部门，各国政府也已将公共价值观巩固在法律和法规中，并有权批准这些法律和法规。另外，维护公共利益的任务则委托给独立机构，这些机构要接受公众的监督。一些已达成一致的社会规范和公共价值会被体现到职业惯例或道德准则中，比如新闻业和健康研究的职业准则。最后一点，大量独立于市场或国家的社会组织也承担着维护公共利益的责任。

在平台社会中，面向公共利益的公共价值创造常常被混淆为混合公私利益的经济价值创造。公司拥有和运营的平台经常声称它们的在线服务是有利于“公众”的，但并没有说明它们自己的利益（Hoffmann，Proferes and Zimmer，2016）。事实上，这样的说法并不是第一次了：在整个20世纪，媒体巨头和制药公司都宣称自己创造了信息或医疗服务领域的公共利益。网络平台已经认同并补充了这一论点，声称它们可以协助人们在网上进行组织，从而来代替政府和社区所扮演的角色。平台的支持者希望在他们表达关于国家与市场的作用的思想时引起广泛的社会关注。例如，一位在著名的智库——美国企业研究所（American Enterprise Institute）工作的Tyler O’Neil就发表了对优步的支持言论，他将平台视为一种新实体：

“大量的政府政策偏离了服务的初衷。例如，为了让汽车远离道路，自上而下地采取让街道变窄，给拼车划出特定车道，或向司机处以巨额罚款等措施。然而，优步没有采用这些方式，而是采用自下而上的方式，为关心减排的消费者提供使用智能手机拼车的机会。像优步这样的公司正在制定新的路线，让顾客自己做决定，选择适合自己的方式，让世界变得更美好。”（O’Neil，2015）。

我们在这段认可中看到的是一种以公共价值和公共利益为旗号推动私人利益的双重尝试：在减少碳排放的共同努力中，“自上而下”和“大政府”与“自下而上”和“赋予用户权力”针锋相对。优步的定位是一个中立的连接平台，促进公民实现共同的目标。这一观点隐含着这样一种主张，即像优步这样的私营企业比效率低下、行事笨拙的政府更善于维护公共利益——大政府会阻碍高效益和高效率的治理。“平台”似乎是“效率”的同义词，凭借它们所谓的精简和开放，可以让“世界变得更美好”，因为它们摆脱了昂贵的管理费，使公民成为独立自主的个体。

在创造经济价值和公共价值方面，连接性平台比国家和传统公司更有优势，这一论据也支持了以下观点：它们适当地打破了原有的社会秩序，利用建立新生态系统的一个机会，把用户从“大企业”和“大政府”的束缚中解放出来。特别是，像O’Neil这样的支持者倾向于将平台生态系统描述为一种由用户而不是运营商运营的新工具。即使这个系统隐藏了算法的“黑箱”和商业模式，但支持者还是倾向于认为平台生态系统对公众是透明的。[23]这种带有粉饰意味的宣传含蓄地质疑了民主管理体制和监管，认为它们是导致平台乌托邦低效率的障碍。平台乌托邦是一种带有政治意识形态色彩的隐含概念，其表明了创建合法的混合型平台运营商和用户的权利。

单看一个平台往往很难说出它对公共价值创造的贡献。平台常常声称它们服务于共同利益：它们希望让社区更安全，丰富游客体验，让孩子更聪明，或者通过鼓励邻里之间交换割草机来减少浪费和能源使用。不过，调查这些说法的真实性还是很必要的。在分析社会平台化等重大范式转变时，必然要认识到价值观的多元性、逻辑的合理性以及这些逻辑所附带的共同利益概念的多样性。

在进行分析时，我们需要理解平台基础设施、经济模型和那些支持者的表演性话语。正如我们将在本书中解释的那样，平台不仅仅能够连接社会和经济行为者，也会从根本上引导他们相互联系。在这个过程中，平台构建了新价值体系和经济。这种观察结果与经济社会学家讨论市场基础设施和经济模型的表现方式相吻合（Boltanski & Thevenot, 2006;

MacKenzie，2007，2009；Stark，2009）。他们的工作表明，经济学家不仅分析和模拟经济过程，他们还对这些过程的构建做出了贡献。此外，经济社会学还探讨了技术基础设施的物质性是如何影响市场运作的。根据传统的行动者网络理论，这些基础设施有效地成为了关键经济主体。软件系统、股票报价系统和图形化软件不仅仅是“测量”工具，它们还形成了经济交易和经济价值。网络平台也在以类似的方式介入并重塑价值和经济体系。

另外，非常重要的是要阐明在具体情况下哪些公共价值处于危险之中，并将它们与具体利益联系起来。正如我们在爱彼迎的例子中看到的，市民、城市管理者、用户（包括房主和市民）以及平台运营商的利益往往是矛盾的。平台化引发了诸多的消费者担忧，比如安全性、准确性和隐私问题，这常常与平台运营商的价值观发生冲突，后者感兴趣的是生成用户数据和从在线连接中获得经济收益。个人的利益和价值体系也会因为个人在生活中不同的角色而发生冲突：个人既可以是爱彼迎上的房东又可以是租客，他们或许不喜欢爱彼迎的客人在城市的某些地方的过度行为，但同时他们又可以作为小微创业者或作为某个城市的游客，从爱彼迎平台中获益。

除了个人消费者的顾虑之外，还有一些社会价值观也加入了这场辩论战，其中包括公平、平等、集体、独立和民主。例如，谁应该为执行安全和保障的公共政策埋单？爱彼迎已经开始像普通酒店那样向消费者征收旅游税，但是酒店也要支付（当地的）房产税，承担一系列的集体费用，因为爱彼迎没有实体房产，所以它并没有做到这一点。房东虽然要为自己的房子缴纳房产税，却不需要缴纳向酒店征收的营业税。如果爱彼迎的租赁者没有在当地税收收入中贡献出他们的份额，公民就有理由抱怨爱彼迎给他们带来了不适当的税收负担。城市与平台运营商和用户的冲突表明，连接型平台战略可能会破坏社会结构的集体性。

平台化的影响往往超出了地方层面，甚至扩展到国家福利和社会法律秩序层面。例如，在阿姆斯特丹市中心，大量的临时租赁提高了房地产价格，这使得富裕的市区中心房主获得许多利益。由于在共享住宿和短期房屋租赁中，房主比租房者获利更多，而且来自游客的大部分收入并不能流入低收入地区或郊区，因此可能导致公民之间经济不平等的加深。此外，由于当地住房市场的压力越来越大，如果房价和租金上涨，经济适用房的购买可能会受到限制（Stabrowski，2017）。因此，除了税收公平和反歧视，还有其他社会价值需要考虑，包括居民购买经济适用房的能力和缩小贫富差距。

平台的活动服务于谁的利益，哪些价值受到威胁，谁受益，这些问题是平台社会公共价值创造问题争议的核心。地方政府在这场谈判中扮演着重要的角色，既是监管者或执行者，也是公共价值的重要激励者。地方当局可以对整个临时住房行业设计一套综合方案，而不是监管单一的住宿平台，或者只关注非法酒店。在阿姆斯特丹，一些政策制定者辩称，该市可以利用网络平台，引入一种灵活的分区和许可制度，以帮助缩小公民之间的贫富差距。例如，如果一座城市想要改善其郊区和经济落后地区的状况，何不给这些地区的房东为期90天的许可，并将拥挤的市中心限制在30天甚至15天？另一个建议是，让一些大城市开发出能够提供与爱彼迎功能类似的软件，并要求所有的短期租赁都必须通过这个由城市所有和运营的中心来安排（Orsi，2015）。换句话说，地方政府如果采取积极、全面的手段，可以通过平台化的方式实现公共价值的塑造。

平台社会不是一个既定的社会，而是一个动态演变的社会结构，其中公共价值在不断地被不同的行动者塑造。理想情况下，平台社会是一种可协商的社会契约，各方都对其创建和执行负责。但分担责任可能只是一种崇高的理想而不是现实。当前关于平台社会价值观和共同利益的斗争在地方和国家层面同时发生，不仅在行业内部，而且在行业与行业之间。一些价值之争通常是在城市中出现，也有一些需要国家干预。例如，此类连接型平台为避免承担行业职责，通常不会雇用工人（例如优步司机）或贡献社会福利，从而破坏社会团结和公平竞争环境等社会价值观。国家与地方对公共价值和共同利益的表现有着明显差异，需要更多的一致。为此，我们将研究各种地方和国家冲突，并将其与超越国家和全球的公共价值和共同利益的争论联系起来，试图得出一个能够被广泛认同的模式。

1.6 网络世界中平台的地缘政治

从微观层面的单个平台和中观层面的生态系统分析平台社会，对于理解宏观层面的地缘政治至关重要。为了从全球角度理解平台力量，我们需要考虑这些层次是如何相互交织的。地缘政治的互联网世界基本都由自己的生态系统所控制，并按照自己的特点，采取相应的经济模式。大多数成功的（能够引导全球在线社会和经济流量）基础设施平台不是在美国就是在中国。核心平台很少来自西欧或俄罗斯，也几乎没有一个是在非洲、拉丁美洲、澳大利亚或东南亚。[12]

五大科技公司

本书在承认中国平台生态系统及其参与者在网络世界中份额巨大且日益重要的同时，集中讨论了北美生态系统，及其在欧洲和美国的影响。多年来，美国五大科技巨头或多或少都成功将其平台服务扩展到欧洲、非洲和亚洲等地区的国家。[13] 在西欧国家，美国平台与负责市场监管的部门或相关政府机构之间曾发生过一些涉及法律规制问题的冲突（Jin，2015），引发了一系列关于平台权力与政府权力关系的诘问。当平台运营商与政府发生冲突时，这些冲突实际上体现的是关于公共价值或共同利益的思想对抗。

前面我们提到过，美国平台生态系统在其体系结构中自带一套特定的规范和价值，编入数据政策、算法和商业模式中。企业生态系统中有一套自由主义的价值观，个人在自我选择的社区中负有安排自己生活的首要责任，对集体性的国家组织几乎没有义务。这些价值观通常是在平台发展遇到阻力之后，尤其是在试图渗透到美国以外的部门和市场时，才会显现，否则都是隐形的。大多数欧洲国家的社会形态通常都是由政府和公民与私营企业和民间社会行动者合作组成，这种社会形态中，公共价值由公共机构守护，集体安排受到团结原则的限制。那么，以美国为基础的平台生态系统的扩张，对大西洋两岸国家的公共价值意味着什么？而欧洲社会传统衍生出来的价值观又如何才能继续立足平台社会中？[14]

本书的侧重点并不在于构思平台社会的规范化治理模式，而是分析平台化过程中的谈判，找出支撑机制、模式和利害关系。在西欧国家中，地方与国家层面中不断出现新自由主义市场价值和集体价值之间的冲突，而这种冲突又导致平台运营商与政府对立，一度闹到国际法庭上。近年来，欧洲管理机构与美国平台所有者就隐私、安全以及公民控制自己数据的权利等公共价值问题产生了各种争执。通过平台生态系统折射出的价值观有时得到用户、公民和监管机构的认可，但有时也受到他们的质疑。西欧的社会组织模式在许多方面并不适合平台型新社会的管理，但我们也不能草率地将其视为“过时的”或“混乱的”，我们应试着深刻地反思所有行动者在构建平台型社会中的共同责任，提出并回答有关问责制和民主、透明度以及信任方面的问题。

本章指出，平台型社会涉及多个竞争性的意识形态体系和多个竞争性的社会行为者之间的激烈斗争。因此，本章侧重的主要研究内容（网络平台在美国和西欧社会的公共价值形成中扮演什么角色）是解决“谁要对或应该对治理一个公共平台社会负责”这一亟需解决问题的关键。责任和义务不能只靠社会制度和法律框架来支撑，企业也有同样的责任。当优步将自己定义为“数字服务”提供商时，不仅逃避了作为行业雇主所应承担的责任，也逃避了缴纳社会保险或养老保险等社会责任。这种策略背后隐藏着一种个体必须自力更生的价值观。同样，Alphabet

对基础设施和行业平台的垂直整合（以及平台间的横向整合）使谷歌提供的服务能够规避政府为防止垄断、保护消费者而实施的反垄断监管限制（Taplin，2016）。问责制和责任制问题既涉及企业和国家，也涉及消费者和公民（Broeders & Taylor，2017），它们适用于所有层面：从一个应用程序（App）在学校或城市等特定环境下的使用，到欧盟法院这样的超国家机构的判决。

关于谁承担责任和义务的质问主要是针对大型平台运营商的。谁应该对极端分子通过社交媒体传播思想负责（Herrman，2016）？谁又应该对错误信息的传播负责？当公民因某个用户发起拿起武器的号召而陷入混乱中时，谁应该负责？当依靠用户生成数据的医疗应用程序被证明存在问题时，谁应对此负责？当年幼的孩子们被网上铺天盖地的糖果广告淹没时，又应该追究谁的责任呢？近年来，一些主要平台运营商已经逐渐意识到他们也应该承担责任，哪怕只是因为他们可能失去用户的信任。平台型社会并不是一种可以实现企业自我监管、用户都能平等地参与到共同利益活动中的理想世界秩序，也不是一种能够将经济、社会活动完全透明化，不受政府管制的技术。现实中，平台型社会在某种程度上，正在因为社会和经济过程隐藏在不开放的算法、商业模式和数据流里面而变得不透明，不受控制（Pasquale，2015）。

五大科技公司在这方面负有特殊责任，过去的十年里，它们构建了平台社会所依托的生态系统基础设施核心，通过避开或绕过制度规定和政府机构而发展壮大。平台型社会中最有价值的参与者并非因它们对公共价值或共同利益的贡献而闻名（Manjoo，2017b）。尤其是在欧洲，五大科技公司因反垄断指控（谷歌）、税收优惠待遇（苹果）和违反隐私规则（脸书）被告上法庭（Scott，2017），而这些法庭诉讼中的大多与平台具有的混合型身份有关；其中许多平台为刺激当时新兴不成熟市场进行创新，还依赖20世纪90年代制定的法律豁免（Foroohar，2017）。但是现在，五大科技公司再也不能将自己当作为社会利益服务的初创企业，以为自己理应继续获得最初的待遇。相反，它们在生态系统中涉及私人利益，应逐渐将自己转换为社会行为者，在获取公共价值方面承担与政府类似的责任。2017年2月，脸书创始人扎克伯格（Zuckerberg）发表了一份声明，阐述了他作为一个从商人转型的企业发言人的世界观，向脸书全球20亿用户传达了关于公共价值的态度：

“今天，我们即将迈出下一步。我们现在能够把握的最大机会就是全球化，比如利用全球化传播繁荣与自由理念、促进和平与理解，帮助人们摆脱贫困，加速科学发展。但我们现在所面临的最大挑战也是全球化，比如结束恐怖主义、应对气候变化和预防流行病。社会要想继续进步，人类不仅要以城市或国家的名义，而且还要以全球社区的名义团结起来……在这样的时刻，脸书能做的最重要的事情就是创建社交基础设施，为人们建立为全人类服务的全球社区提供平台（扎克伯格，2017）”。

这份声明中，脸书强调自己是帮助人们建立“全球社区”的“社交基础设施”，但并未提及参与这一转变的任何其他参与者，没有提到参与维持全球和平，打击恐怖主义的任何机构或政府，也没有提到任何参与全球社区建设的民间社会团体。而且，由于该声明的其余部分主要涉及对健康新闻和信息生态系统的需求，扎克伯格显然忽略了传统的新闻机构的作用。这就不禁让人怀疑，作为生态系统中最具影响力的平台之一，脸书打算如何与社会参与者就新闻的准确性和独立性等重要公共价值进行协商。再者，就私人（企业）利益和公共价值而言，审视以下诉求很重要：新闻和信息为谁的利益服务？又要创造什么样的公共价值？

随着平台化不断渗透到社会各个领域，无论是个人还是集体，公私之间的区别越来越无关紧要。另一个应该引发批判性研究的问题是，各大平台从始至终针对的都是全球市场和全球用户，却忽略、无视甚至是与地方、国家或超国家组织对抗。当然，这种对全球个体用户群体的倾斜体现了运营商对规模经济效应感兴趣，而不是公民参与公共价值。虽然市议会和政府机构与企业平台之间无论是规模还是责任范围都存在差异，但为了解决诸如城市安全、交通效率、最佳医疗保健或平价在线教育等紧迫的社会问题，市议会和政府机构还是选择与全球企业平台合作。地方监管机构和市议会看重的是平台对本地的影响，而不是全球平台对国家或世界秩序的长期影响。但不管是对本地的影响还是对世界秩序的长期影响，都难以避免地互相交织在一起。优步对本地城市交通市场的扰乱，也是试图打破国家权力与企业权力之间的平衡。脸书宣称要创建全球社区，这或许值得称赞，但也暴露了一种新自由主义世界观，这种世界观含蓄地质疑了政府和国家在网络平台方面的重要性。

面对平台型社会带来的新挑战，那些曾经为巩固社会信任和维持公平而设立的机构和专业组织无疑需要提高自身水平。然而在此之前，政府和公共机构不仅需要了解平台的动态和它们运作方式，还需要了解它们运作的价值观念前提以及它们对社会的影响。要解决责任和义务中的问题，需要从根本上了解平台生态系统的运作方式。因此，在下一章中，我们将提出一种分析工具，帮助剖析驱动平台生态系统的技术、经济和社会因素。平台非常重要，以至于不能把平台监管的权力留给平台运营商和用户，在一个公平、民主、负责任的平台社会中，社会、公民和政府都至关重要。

注释

1. 2016年3月，荷兰阿姆斯特丹市市长和市政府执行委员会就阿姆斯特丹共享城市行动计划达成一致。该计划的结论是“分享经济不是一个禁止或授权的问题，而是在可能的情况下进行监管并抓住机会的问题。”（ShareNL，2017）

2.2018年1月，60天的限制进一步降低到30天。

3. 例如，脸书的信息流算法计算了用户可以看到的个性化内容所包含的10万个因素（McGee，2013）。对于局外人来说，他们很难知道算法是如何工作的，以及它们的调整会有什么影响。

4. 所有权状态可以从以下方面来定义：一般来说，平台运营商可以是营利的，也可以是非营利的。营利公司可以由私人所有，也可以由股票的公众持有者所有。以脸书为例，大多数投票权（除了少数股票）由首席执行官（CEO）和创始人马克·扎克伯格（Mark Zuckerberg）控制。以优步为例，该公司由股东控制，这些股东于2017年秋天从创始人兼首席执行官Travis Kalanick手中接过该公司的管理权。还有一些公益性企业，比如众筹平台Kickstarter。平台的非营利组织可以在此方面采用多种形式，包括捐款，例如为维基百科提供资金的基金会。

5. 例如，参见一篇关于沙发客（Couchsurfing）及其商业模式艰难转型的新闻报道（Roudman，2013）；另外也参见让一位用户失望的故事（Coca，2015）。

6. 根据预订价格的不同，爱彼迎向客人收取6%～12%的费用。爱彼迎还向每位客人收取3%的信用卡处理费用。2016年爱彼迎的一项新服务条款规定，平台可以与关联公司和第三方组织共享用户的个人信息，用于定向广告——这是一种可能会让用户担心隐私被侵犯的情况。

7. 由于新的法律法规或商业模式的变化，服务条款会不断更新和变化。根据Obar和Ouldorf-Hirsch（2016）的研究，74%的用户在下载应用程序时忽略了隐私政策和条款，即使他们会进行阅读，但时间也不过几分钟。参见Pringle（2016）。

8. 美国每年的数字广告支出为830亿美元。2017年，谷歌占美国数字广告收入的近41%，是脸书份额的两倍多。谷歌是搜索广告收入市场的绝对领导者，约占所有收入的78%（eMarketer，2017）。

9. 例如，Alphabet拥有并运营着特定行业的平台，如谷歌新闻和谷歌健康系统，以及谷歌教育和谷歌学者应用程序。此外，Alphabet在其他行业平台上进行了大量投资：它拥有23andMe（基因编码服务）以及优步的股份，同时也通过Waymo投资无人驾驶汽车。再者，苹果公司也已经投资了其竞争对手Lyft。

10. 亚马逊已经通过亚马逊工作室和游戏工作室将业务扩展到电视制

作领域。亚马逊零售还计划进军实体杂货店和提货商店，其在2017年收购Whole Foods就是其中一个迹象。大约在同一时间，Alphabet旗下的在线购物中心Google Express宣布与沃尔玛（Walmart）结成联盟，探索开设零售分店。2017年7月，脸书推出了自己的电视服务Watch，这是脸书主应用程序内的一个平台。该平台将播出专业制作的视频系列，如真人秀和一些有内涵的内容。

11. “平台化”一词已被众多学者广泛理论化。Anne Helmond（2015）将“平台化”狭义地定义为通过相互连接的应用程序接口（APIs）来改变网络，让平台更容易收集超越自身的数据。我们将这个技术概念进一步扩宽，定义为：一种行业的转型，能够形成互联型平台运营商及其影响社会安排的支撑逻辑。

12. 虽然全球领先的数字平台企业总市值为4万亿美元，但其中只有4%来自欧洲公司（Evans & Gawker，2016）。

13. 脸书就是一个没有成功实现平台扩张的例子。2015年，马克·扎克伯格（Marc Zuckerberg）在印度成立了一个非营利组织Internet.org，游说印度政府向其提供免费互联网访问（“免费基础”）的服务，作为交换，脸书将成为印度所有互联网流量的必经门户。在脸书的一次大规模游说攻势之后，印度决定不接受脸书的条件，并取消了与脸书的协议。

14. 一些学者提出了一个所谓的“莱茵兰模式”（Rhineland model），为美国模式或中国模式提供了一个可行的选择。莱茵兰模式假设政府积极参与社会问题，如贫困、环境、公共空间、教育和健康。总的来说，莱茵兰模式提倡强有力的公共部门和政府监管。和大多数欧洲国家一样，莱茵兰模式意味着对其公民征收大量税收，以支持公共服务和强大的独立机构（Peters & Weggeman，2010）。其他学者提出了一种“点对点”（peer-to-peer）模式，让合作组织的平台承担责任，以满足公民和消费者的需求（Scholz，2016；Bauwens & Lievers，2013）。

第2章 平台机制

2.1 引言

2011年夏天和初秋之际，纽约和波士顿的占领抗议活动开始愈演愈烈。然而，虽然抗议活动非常活跃，但推特上有关“占领华尔街”和“占领波士顿”的话题却从未进入纽约或波士顿的推特热门话题榜。一些抗议人士开始怀疑是有人在背后操作，密谋禁止“占领华尔街”运动进入公众视野。他们指责推特手动操纵其热门话题功能（Gillespie，2012；Lotan，2011）。但事实证明，推特并没有参与任何阴谋，相反，抗议者无意中发现了该平台通过算法组织用户发表内容的复杂方法。通常我们都认为热门话题反映的是某一特定词汇的频率，但其实热门话题反映的是某一特定词汇使用量的增加，只有使用量急剧增加的词汇才会被列入热门话题前十名（Lotan，2011）。

虽然人们常将社交媒体视为激进分子的“工具”，但推特绝不是唯一一个阻碍激进分子获得公众关注的平台。2014年8月，在密苏里州弗格森市一名手无寸铁的黑人少年被白人警察杀害的抗议活动中，脸书被指控用算法掩盖激进分子发起的抗议活动。当时，社会学家Zeynep Tufekci

（2017）发现，在她的推特动态消息中，关于弗格森市抗议活动，尤其是警察过度执法的话题无处不在，但她的脸书动态消息中却没有出现此类话题的更新。由于她在这两个平台上所关注有联系的人几乎相同，因此这一点格外引人注意。显然，弗格森抗议活动引发的用户活动并不符合脸书相关算法的标准。

这些资讯表明，社交媒体平台从来都不是一种中立的“工具”，它们能够让你看见某些事情，但同时又能隐藏那些不想让你看到的事情。为了理解这些事例中算法过滤过程的结果，我们需要厘清各种平台技术是如何根据经济模型和用户实践在经济部门和生活领域形成社会活动的。我们将它们统称为三种平台机制，即“数据化”、“商业化”和“选择”。这些机制之间的相互作用对于相关行为者来说可能具有决定性作用。例如，上述新闻资讯中的抗议者在很大程度上需要公众的关注。社交媒体的病毒式传播可以将一场小型抗议活动转变为一场全国性的运动，但如果社交媒体将其隐藏的话，其将无人问津。因此，社会运动的命运和许多其他社会行为者（如爱彼迎上的公寓房东、优步的出租车司机、脸书上的新闻文章和Coursera上的学生等）一样，也受到平台机制的影响。

本章分析了平台机制是如何通过技术（包括数据结构、算法和界面等）、商业战略、用户实践（由个人、企业、国家机构和社会组织发展出来的）三者之间的相互作用，来发挥其作用的（Van Dijck & Poell, 2013）。为了了解网络平台的兴起是如何影响社会组织的，我们须系统地厘清平台机制如何颠覆现有的制度安排，以及如何使传统的公共价值受到挑战。平台与社会的这种相互影响和促进并不是早就决定好的，也不是不可逆转的。相反，平台机制会因技术、经济模式的部署和实施方式而产生截然不同的作用。从目前来看，整个生态系统的核心技术基础设施、主导经济模式和价值观念取向的塑造在很大程度上离不开五大科技公司。除此之外，它们还控制着行业平台、社会机构、公司和数十亿用户的互动方式。尽管这些核心平台集中了经济资源、拥有了制定标准的权力，并能够把控价值观念，我们仍将在本书中探讨如何完善核心的平台机制。

2.2 数据化

Mayer-Schönberger和Cukier（2013）认为，“数据化”是指网络平台将世界上许多以前从未被量化的方面转化为数据的能力，不仅仅是指客户自愿提供的以及通过（在线）调查获取的人口统计或分析数据，还包括从智能手机自动获取的大量行为数据，如时间记录和GPS推断的位置。对于在线平台来说，每一种形式的用户互动都可以被采集为数据，如评分、付费、注册、观看、约会和搜索，也包括加好友、关注、点赞、发布、评论和转发。在早期研究中，这些数据往往被认为是网络平台的副产品，但随着平台日趋成熟，科技公司逐渐转型为数据公司，将数据转变为主要资源。数据化使得此类平台能够进行开发预测和实时分析，这一点对于广告投放的精准度至关重要。

虽然我们可以将数据化视为一种平台所有者部署的技术型商业战略，但它同时也是一种用户行为的记录。平台会以一种系统化的方式收集和分析用户数据，然后通过应用程序编程接口（APIs）源源不绝地将这些数据传递给第三方，再通过用户界面传递给终端用户，使他们能够追踪朋友和同事参与的活动，跟踪公共事件，并参与网络经济。本节的第一部分主要讨论用户数据的收集，然后在第二部分讨论这些数据的流通。

2.2.1 数据收集

消费者与公民数据的收集并不是一种新式做法，公共机构和企业历来离不开人口统计和受众数据（Driscoll，2012；Hacking，1990；Napoli，2011；Turow，2012）。网络平台的兴起不仅加强了数据收集实践，还将之前没有量化或者非正式的短暂活动、交流、关系和标的进行商业化，这一点我们将在下文中讨论。现如今，我们可以通过加好友、点赞、分享、打分和推荐等标准数据化做法来收集关于个人互动和日常的经济交流的信息。此外，通过与行业平台的整合，基础设施平台也可以跟踪诸如玩游戏、租赁、驾驶和学习等一系列操作行为。

平台的技术架构会预先通过标准按钮以及第三方应用和网站中数据分析软件的深度整合，实时收集并分析用户数据。捕获每一位用户的每一个活动，进行算法处理，然后再添加到该用户的数据配置文件中。一般来说，我们会将信息发布或评论、乘车体验或公寓入住打分、点赞或转发，以及关注、加好友或取消关注等视为单纯的社交活动，但其实它们也是一种数据信号，平台公司能够通过这些行为分析用户的人口统计、行为和关系特征（Andrejevic，2013a；Kitchin，2014；Nieborg，2017；Van Dijck，2014）。

看似简单的社交互动形式背后，其实隐藏着复杂的技术基础设施，在这些基础设施中，数据不断地被聚合、分析，从而能够将用户与服务和广告以一种更有效的方式联系起来。例如，当用户点击外部网站或脸书上的“点赞”按钮等“社交插件”时，该行为就会以多种方式被跟进处理。首先，它会显示在用户的动态消息中，吸引被点赞对象的进一步参与。随后，额外的活动数据会流回到与点赞对象相关联的指标中。这些虽然仍是公开可见的数据流，但作为聚合数据进行处理，终端用户是看不到的。脸书页面和群组的网站管理员和管理者可以通过脸书的Insights功能获得这样的聚合数据，包括点赞、分享和独立用户的总数。最重要的一点是，脸书公司本身也会利用算法处理所有通过点赞、分享、评论等产生的用户数据（Gerlitz & Helmond，2013）。脸书会以定向广告、“热门话题”“相关”内容等形式回收这些数据，然后将其作为好友推荐的来源。因此，公民和社会组织监测公众活动和情绪的能力，从本质上来说建立在系统化、自动化地收集和分析用户各种形式行为数据的基础上。

在线平台吸引人的一个重点在于，它主张数据只是“原始”资料，通过网络“血管”被“输送”出来，让各种行为者能够监测用户的思考、感受、体验和特定事情规划的方式。从这个角度来看，脸书、优步和Coursera等平台可以捕捉并衡量这些情感、思想和表现。然而，数据一般来说都是经过处理和结构化的，或者正如Gitelman（2013）所强调的，“原始数据”实际上是一个被修饰过的结果，数据通常都是通过平台的数据收集机制预设好的。平台不仅能够“衡量”某些情感、思想和表现，而且还能触发和塑造它们，最明显的就是用户界面（Gitelman，2013；Kitchin，2014）。虽然“打分”“回答”“评论”“分享”“点赞”“转发”“加好友”和“关注”等功能能够触发人类的基本情感和互动，但基础技术在很大程度上决定了用户之间的互动方式，以及他们产生的数据信号类型。服务开发和媒体对象在这些信号基础上运行的方式取决于用于“衡量”不同信号的算法。简单来说，平台所产生的数据并不是原始数据，而是经过预处理的。数据化意味着在线活动技术上的高度标准化使得自动处理用户信息成为可能。

数据化的经济和公共价值尤其体现在数据流的实时维度上。平台声称它们可以即时追踪个人和群体的行为，并且汇总这些数据对其进行分析，然后将结果转化给用户、营销人员、广告商，以及各种公共机构、组织和企业。例如，在政治选举和公民参与中，社交媒体数据实时分析的使用日趋平常，平台向政治家和活动家提供选民偏好、热门话题和不断变化的公众情绪等动态，而这些动态又能反过来让这些政客们调整他们的“信息”，从而更有效地瞄准选民和支持者（Karpf，2016；Kreiss，2016；Tufekci，2014）。

2.2.2 数据流转

数据通常在各种在线服务之间不断交换，因此平台可以充当一个生态系统，而这个生态系统的中心就是五大科技公司的基础设施平台。五大科技公司的基础设施平台在很大程度上控制着行业平台、网站、应用程序和广大用户之间的数据流通，其主要方式是通过应用程序编程接口（APIs），允许第三方应用程序访问平台数据。Qiu（2017）指出，第三方可通过APIs“将谷歌、脸书和推特等公司拥有的专有数据重新混合和改造为新的应用程序和编程”。谷歌地图APIs就是一个典型例子，大量的第三方应用程序都是通过它来获取地理数据和交互式地图。这样一来，围绕每个主要平台及其不同的APIs，就会形成丰富的应用生态系统，使其他行为者能够参与到平台社会中来。应用程序编程接口有效充当平台治理工具，“控制”其他方对数据的访问，这意味着第三方应用程序只能使用平台收集的部分数据（Bucher，2013）。因此，第三方往往只能通过建立正式合作（如Acxiom、Experian和Quantium）或通过付费数据服务来获得更大范围的数据访问权限，并且付费数据服务已经成为平台商业模式的核心部分。

对于平台终端用户来说，最明显的数据流转方式是通过他们的用户界面（Berry，2011；Gerlitz & Helmond，2013；Van Doorn，2014）。每个平台都为其用户提供了诸多方式。社交媒体的用户通常可以查看谁喜欢并分享了他们的信息、照片或视频，并了解他们的“好友”和“粉丝”正在做什么。电子商务和协同消费平台可以深入了解其他用户或客户搜索或购买了什么（如“购买此商品的客户也购买了……”），以及他们对特定产品和服务的评价（如“给了四星评价”）。这些方式不仅仅是一种工具，也是一种情感交流，促使用户采取相关行动。“点赞”“分享”“转发”“购买”“评价”等按钮可以进一步收集数据，并加强用户分析和个性化广告服务。

有人认为，通过平台持续进行数据交换可以产生一种新的意识——“外围虚拟共存”，用户可以意识到其他人正在做什么、经历什么和交流什么（Ito & Okabe，2005）。这一点在新闻领域尤为明显。在新闻领域中，持续不断的新闻更新和情感交流被视为一种“外围新闻”（Hermida，2010）。第3章中，我们将大量讨论数据呈现方式在深入了解公共事件发展和公众情绪演变方面的作用。尤其是在选举、抗议或自然灾害等大型公共事件期间，网络平台上的许多帖子、状态更新、图片和视频也是一种新闻更新的方式，表面上体现了用户事件的“感受”。在此类事件期间，平台数据不仅是主要的新闻来源，也是公众反应的晴雨表，用户同时扮演着新闻消费者、目击者、记者、舆论制造者和编辑等角色（Bruns，2011；Murthy，2013；Poell，2014）。

数据流不仅涉及终端用户和平台，还涉及各种各样的社会机构和组织。社会机构如何将数据化机制融入人们的日常生活中，对未来几年关键公共价值的实现至关重要（Kennedy，2016）。我们不禁想问，报纸和在线新闻网站是围绕“热门话题”组织新闻的选择和制作，还是以独立编辑判断为指导原则？教育平台是在学习过程的每一个步骤中推动数据化，还是这个过程主要由教师和学校控制？城市政府如何在智慧城市应用开发中构建数据化？它们是使用优步等商业平台的交通数据，还是自己收集数据？

总的来说，数据化机制逐渐在社会关系的结构中发挥核心作用。平台公司为了跟踪和预测越来越多的用户行为、情感、交易、非正式交流和活动，扩大了对数据的收集和处理。数据交换的社会价值、经济价值和公共价值体现在它的实时性和预测性中，使平台运营商能够直接跟踪和影响流量、公众意见和情感，或影响学生的认知发展。反过来，这些平台的商业模式又能让我们了解这些平台如何在技术上引导数据流。这就涉及了商业化机制。

2.3 商业化

商业化机制涉及将线上和线下的物品、活动、情感和思想转化为可交易的商品的平台，而这种商品的价值至少可通过关注度、数据、用户和金钱等四种不同类型的货币进行估算。通过在线平台收集和处理的大量用户数据，可以知晓用户在特定时刻的兴趣、喜好和需求，因此数据化机制强化了商业化。此外，由于平台用户与个性化服务和广告之间存在关联性，因而商业化还与选择机制存在联系（Andrejevic，2013a；Fuchs，2013；Turow，2012）。商业化包括（但不等同于）单一平台的商业模式，相反，商业化机制能够在平台生态系统创造的多边市场中发挥作用，将基础设施核心与行业平台和多种补充机制相连接。

商业化机制在赋予用户权力的同时也在削弱用户权力，尤其是那些我们称之为连接器的平台。一方面，此类商业化机制平台允许个人用户在网上推销他们的个人资产或经验（无论是他们的公寓、出行体验、目击报告还是视频），将用户行为商业化，使用户成为创业者。从这个角度来看，平台可能会将经济力量从传统机构（如酒店、出租车公司、新闻媒体和大学）转移到个体用户身上。另一方面，正如政治经济学家所批判的，此类商业化机制涉及对文化劳动、用户劳动（非物质）的剥削，并增加了按需服务人员的进一步不稳定性（Van Doorn，2017b；Fuchs，2010；Moulier-Boutang，2011）。此外，此类机制还造成经济权力集中在少数平台所有者和运营商手中，尤其是那些能够以战略方式将自己定位为整合者和把关者的影响生态系统核心的运营商（Fuchs，2013；Srnicek，2016）。但这又是如何运作的呢？

2.3.1 多边市场

微观经济学研究表明，搜索引擎、视频游戏平台、社交媒体网络等平台所带来的经济交流发生在一个很好理解的多边市场结构中（Boudreau & Hagiu，2009；Nieborg，2015；Rieder & Sire，2014；Rochet & Tirole，2006）。在这样的经济结构中，平台整合、促进并控制着不同用户群体之间的联系和交易，而终端用户与广告商、服务提供商或互补者（从小微创业者到新闻机构和大学）之间均存在联系。当然，各平台之间在成功实现这一目标的能力上有很强的层次性。正如我们在第1章中所说，五大科技公司的平台是基础设施服务市场的中坚力量，而几个快速崛起的行业平台也是其辅助力量。

平台要想成为多边市场，必须将尽可能多的用户连接到各自的平台上，而吸引终端用户的一个主要策略是向他们提供免费平台，广告商和服务提供商则向目标终端用户提供低成本的工具，比如优步，就是通过其应用程序将司机与乘客联系在一起，还有脸书和谷歌提供的数据分析工具。Rieder和Sire（2014）指出："如果这些补贴和/或投资设计得好，强大的网络效应和规模经济会导致吸引力强大的一方市场占领另一方的整个市场"。这实际上意味着，多边市场结构具有很强的垄断倾向。吸引和连接大量的终端用户、服务提供商和广告商虽然可以带来巨大的收入，但也需要巨大的投资，只有少数平台公司能实现这一平衡。

平台作为多边市场，通过多种商业模式运作，涉及用户数据、服务和商品的商业化。个性化广告是用户数据和用户关注商业化的关键方式之一。毫无疑问，脸书和谷歌这两家能够获取大量用户数据的公司早已建立了广阔的广告网络（Fuchs，2013）。平台型广告与传统大众媒体模式相比，不仅围绕受众的广告平台商业化（即将受众消费特定媒体内容的时间卖给广告主），还涉及能够在特定的时空位置进行个性化处理和聚合处理的用户数据商业化（Nieborg，2017）。在平台型广告模式中，广告与特定内容无关，其所针对的是特定用户，而这些用户的行为和兴趣在整个媒体环境中被实时跟踪，且逐渐跨越不同的媒体设备（Couldry & Turow，2014；Turow，2012）。在这种经济模式下，平台为了收集用户数据，最大限度地扩增用户数量，通常会免费提供广告内容，但这些内容往往不是平台生成的，而是由用户（个人或专业人士）生成的。

用户数据商业化也离不开数据服务的发展。虽然大多数平台为了保证第三方对平台市场的参与度会免费提供数据服务，但少数专业平台则通过此类分析服务产生收入。尤其是大型数据公司，如Acxiom、CoreLogic和Datalogix，此类公司中会有一些与核心基础平台合作。[1] 此外，我们也能在新闻等特定行业中发现专业的数据服务，比如Chartbeat、NewsWhip和

Parsely公司就是专门从事为决策提供数据分析辅助工作的公司。另外医疗卫生部门的专业数据服务也在迅速崛起，比如OptumHealth、Verisk Analytics和Oracle等企业医疗分析公司。这些工具和服务提供商拥有不同的数据获取来源，为新闻和医疗卫生组织提供有关用户活动的详细信息。

商品和服务的商业化除了涉及广告和数据服务，还涉及货币交易。在一些商业模式中，平台主要通过佣金和交易费用产生收益。采用这种模式的通常是连接型服务平台，如优步和爱彼迎。优步对每笔车费平均收取25%的佣金，爱彼迎向房东收取3%～5%的服务费，向客人收取5%～15%的交易费（爱彼迎，2018；Edelman & Geradin，2016；Henten & Windekilde，2016；Rosenblat & Stark，2016）。

这一商业战略的一个变相形式是免费增值模式。在这种模式中，基本版本的产品或服务是免费提供的，额外功能和特殊服务则需额外付费。[2]在过去的几年里，不同类型的内容制作人（特别是游戏行业）都在尽可能尝试免费增值模式。此外，大量的开放式在线课程和一些健身与健康应用程序也在采用免费增值模式，这将在第5章和第6章讨论。例如，Coursera允许学生免费注册，但毕业证书和监考等额外服务则需收费。

商业化战略形成了平台发展的动能，赋能和重塑了经济交换，同时促进了各类型用户的积极参与。不论是以收取交易费取代订阅费，还是以数据和广告出售形式替换收费模式，每一种选择都会产生不同的动能。虽然各行业之间在这种动能的形成方式上存在很大的差异，但总体而言，各行业的经济进程正日益以平台为导向，并由平台决定。恰恰是通过这种经济关系的重新定位和塑造，多边市场得以建立，将以前独立的经济行为主体转变为平台的“互补者”，与平台相辅相成，即互为补充。第3章所讨论的新闻行业就一个典型例子。以前，新闻机构本身就扮演着双边市场的角色，将读者、观众和广告商联系起来，而现在，它们则逐渐通过平台生态系统的商业化机制将其内容货币化。因此，新兴的平台社会形成了新的依赖关系和层级结构。平台能够利用源源不断的用户数据和先进的技术基础设施，采用比传统公共机构更有效的方式将学生与教师、读者和观众与新闻和广告、病人与医疗机构以及司机与乘客联系起来。围绕着这些平台，出现了复杂的相互依存系统，平台逐渐发展成为消费者的主要选择，而传统企业和机构则成为其依托。因此，虽然出租车司机、新闻机构和大学仍在寻找没有平台作为中介的方式来接触用户，但也无法避开能够提供一键式服务的在线基础设施。

个人和机构用户对自身、内容和服务的努力推广，往往会加剧平台对用户数据、商品和服务的商业化。更多的点击量意味着更多的数据流量，更多的流量则又意味着平台运营商（尤其是五大科技公司）的权力更大，而数据和关注度则能通过广告和交易费用转化为价值。虽然用户商业化和平台商业化相辅相成，但二者在权力关系上明显存在巨大差异。由于平台运营商开发和控制着接口、算法和数据流，通过基础设施连接器促进交换，因此他们掌握着游戏规则的制定权。

2.4 选择

数据化和商业化与平台存在密切相关性，这些平台会通过选择或管理最相关的话题、术语、参与者、对象、要约、服务等，来引导用户互动。一般来说，专业人士和机构能够在这种选择过程中发挥关键作用。例如，新闻工作者能够以其独立的职业判断为指导，决定能够报道的新闻内容；专业评估师能够帮助游客在可供选择的酒店房间中做出选择；经验丰富的教师能决定课程中布置的作业和总课程中应该安排的课程。然而，在线平台则是利用用户驱动和算法驱动的选择取代了专家选择，使用户可以通过“打分”、“搜索”、“分享”、“关注”和“加好友”等方式来筛选内容和服务。因此，我们可以将平台的“选择”定义为平台通过界面和算法触发和过滤用户活动的能力，而用户则通过与这些已编码环境的互动，影响特定内容、服务和人员的在线可见性和可用性。

从用户的角度来看，平台选择比专家选择更加民主。但是，选择不仅是由用户行为形成的，而且往往是通过暗箱操作的技术——商业策略构成的。平台通常是利用大量的界面功能和算法来管理内容和用户互动的，然而这些功能和算法的偏好和导向对用户来说完全不透明。Gillespie（2014）指出，在由平台主导的媒体环境中，算法已成为一种范式，尽管我们对算法选择的定义机制知之甚少，但我们现在依赖算法，就像我们过去依赖有资质的专家一样。现在，我们将讨论经常在平台动能中出现的三种选择：一是个性化，二是信誉和趋势，三是调节。

2.4.1 个性化

平台根据各种经过数据化处理的用户信号，利用算法确定每个用户的兴趣、欲望和需求，然后对用户的内容流、广告和推荐联系人进行个性化处理。个性化离不开“预测分析”，预测分析是指在分析个人和汇总数据的历史模式的基础上，预测未来选择和趋势的能力。虽然平台算法决定了每个用户在谷歌搜索结果、脸书动态消息或优步应用中能看到的内容，但这些自动选择十分难以分析，通常作为精心保护的商业机密隐藏起来，不为人所知。此外，自动选择还会随着不断变化的商业模式和用户行为不断修改，且只会与不断变化的用户数据相结合，因此无法预测其生成的选择类型（Bucher，2016；Chun，2011；Mackenzie，2005；Seaver，2014）。从这一点来看，我们无法确定平台算法的工作机制，研究人员只能通过各种方法间接观察它们的工作原理和逻辑，比如逆向工程、查看平台本身提供的文档、人类学研究以及访谈软件开发人员和工程师。

从这些间接方法中，我们发现，算法的个性化是建立在个体用户和更大的用户群体的信号上，脸书动态消息中的算法就是最明显的例子。在2013年的一次采访中，脸书动态消息的工程师之一Lars Backstrom明确表示，动态消息的算法会区分不同的密切关系水平，然后在个人互动或超出个人信号的全球交流基础上衡量每个用户与朋友、与他们关注的人以及与页面和群组的亲密程度。Backstrom解释说："如果我们向100个用户展示更新内容，但只有几个用户与之互动，我们可能不会将其显示在你的动态消息中。但如果有很多人与之互动，我们可能会将其向你展示。"（McGee，2013）。脸书正试图在私人对话和公共交流、个性化和受欢迎程度之间取得平衡。在这个算法平衡做法中，时间衰减也起到了关键作用，即随着时间的推移，之后发生的互动要比当时发生的互动的权重低，使用时间衰减方法能够让脸书识别并向用户突出展示热门话题（Bucher，2012）。根据每个平台的商业模式，这种算法平衡的形式各不相同，并且这是一个不断演变的过程，脸书和其他平台会不断改变它们对不同信号的权衡方式，以及它们所考虑的信号。网络平台利用算法的个性化，以及给用户提供不同的选择、搜索、筛选和关注的选项，似乎实现了Nicholas Negroponte（1996）的"我的日报（Daily Me）"概念。平台围绕每一个用户，构建了一个完全个性化的服务、信息和人际环境。对Negroponte来说，个性化信息环境是一个充满便利性的梦想，但对于担心个性化带来的社会后果的其他人来说，却是一个噩梦。Cass Sunstein（2009）和Eli Pariser（2011）等学者认为，个性化会造成社会分裂，将用户困在"筛选气泡"中，无法接触到各种各样的社会价值观。第3章针对这个话题展开过大量讨论，而这一话题在2016年美国总统大选之后再次被点燃。在教育领域中，个性化算法的学习方法可能有利于个别学生，但有一定概率会在不经意间弱化对集体教学经验的重视程度。虽然我们也有这些担忧，但也要正确意识到个性化正式平台吸引大量用户的原因。定制化和个性化也赋予了用户作为消费者和公民的权力，使他们能够快速找到最具吸引力的产品和他们感兴趣的信息。

2.4.2 信誉和趋势

平台选择机制不仅可以将用户看到的内容个性化，还能在更大的用户群体中识别“趋势”，确定用户的信誉度[3]。许多平台都有“热门话题”榜，这些榜单不仅仅反映出用户分享最多的内容、使用最多的词条或购买最多的商品，而且还通过算法筛选出用户参与度增长最多的内容、词条和商品。换句话说，平台算法具有病毒性或传播性倾向（Cheng et al.，2014；Goel et al.，2016；Jenkins，Ford and Green，2013）。通过平台与关注者之间的交叉影响，特定的内容和问题可以实现“病毒式传播”。以前，接触数百万受众是大众媒体的专有特权。这种滚雪球效应的形成和开始是全球用户活动和算法之间错综复杂的相互作用所产生的结果，尤其是那些为了提高广告关注度和数据交换，在增加用户流量方面有着既得利益的大型基础设施平台。

平台在决定用户和服务的“信誉度”方面也有着重要作用。平台会经常要求用户，如送货员、司机、客人、老师或房东，对对方的行为和表现进行评价。然后又将这些指标反馈给客户，让他们快速评估与其他用户进行经济交流是否可行（Ert，Fleischer & Magen，2016；John，2013；Zervas，Proserpio & Byers，2015）。平台连接者正是通过这样的选择机制，试图构建人际信任。信誉排行榜为走进陌生人房子或搭乘陌生人车子的消费者，以及提供私人空间的小微创业者提供了最起码的信任保证。虽然酒店服务和交通网络公司仍将其用户描述为一个“社群”，但这些平台的大规模运作使得以社区为基础的传统人际信任模式变得无关痛痒。另外，全球化的平台运营商无法像酒店和出租车公司那样，保证共享住宿的房东和共享出行的司机在平台上新提供服务的安全和质量，平台因此会选择采用信誉评级来弥补其制度保障的不足。

信誉指标反映的不只是服务提供商的质量和地位，其效用早在平台运营商设计这些系统时就已决定好了，我们将在第4章中以优步为例，讨论其评分方式。优步平台中，低于一定评分的司机会被平台除名，无法再通过该平台创造收益。因而，信誉指标也是司机维持和改善其信誉评分的激励因素之一。因此，信誉指标不仅是建立信任的工具，还日益成为强化特定用户行为、引导重要公共管理部门活动的工具（Baym，2013；Marwick，2013；Rieder，2016；Van Doorn，2014）。

平台趋势和信誉指标早已成为当今社会经济中不可或缺的一部分，因而许多社会行为者都在试图影响这些选择机制。提供出行或住宿服务的小微创业者拼命想要获得客户的高度评价，而客户也想要获得他们的高度评价。有人认为，这可能会导致有些评论过于夸大、不真实，因为用户会害怕如果他们批评或拒绝对方提供的服务，会得到一个较低的评价（Bolton，Greiner and Ockenfels，2013；Fradkin et al.，2015；Zervas，Proserpio and Byers，2015）。在大型公共活动中，平台通常会以系统化的方式引导选择机制，向用户推送与事件相关的话题标签，从而将相关信息组合在一起检索。而用户通过大量转发、点赞和分享，可大大提高这些特定信息的可见性（Bruns & Burgess，2015；Poell，2014）。在这一过程中，平台在社交媒体网络技术的能力之上，预测用户在“热门”和“最相关”内容中的算法结构。在本章引言中我们列举的关于“占领华尔街”这一话题的例子就清楚地说明了这一点，在这个例子中，激进分子试图通过推特的热门话题榜来吸引公众的关注。他们利用商业第三方提供的灰色市场来进行交易，花费少量的费用购买“假”的推特粉丝、应用商店评论和脸书好友，还通过雇用“水军”来转移注意力、传播错误信息，甚至试图召集人们参与线下活动（Maréchal，2016；Tufekci，2017）。

2.4.3 调节

最后，我们要讲的是，所有主流平台都会自觉调节分享的内容及其使用者。但是，由于平台无法控制调节的程度，这种选择机制往往会产生许多争议。其中脸书就是过度调节的一个例子，脸书等社交媒体会过滤掉暴力和色情的有关画面及其内容（Levin，Wong and Harding，2016）。脸书曾因反复删除其平台上“战争的恐惧”这一话题里，关于“越南战争中被美军炮火吓得惊慌失措的孩子”的图片而饱受争议，挪威一家新闻机构也对脸书的这一做法展开抨击。另外，同样引起争议的还有因为实名制政策导致用户账号停用的事件（Youmans & York，2012）。人们指责平台过度审查和滥用权力。而当平台未能及时删除对公共安全构成威胁的用户和/或内容时，也经常被指责为监管力度太弱。此外，错误信息的广泛传播也被认为是平台管理的失败（Manjoo，2017a）。换言之，平台调节是一个在不同的参与者、利益和关注点之间寻找平衡的复杂行为。

而寻找这种平衡的核心要素在于平台规则（服务条款）、自动化技术和调节程序。平台为了辨别可能违反其平台规则的用户和内容，会尽可能多地采用自动检测技术（Buni & Chemaly，2016），但是，内容调节有其复杂性和争议性，永远无法完全自动化。因此，主流的基础设施和部门平台还得依靠数千名人工调节员或编辑来评估潜在的违规活动和内容（Goel，2017）。另外，这些平台不断呼吁用户对其他用户的内容和表现进行“打分”和“标记”，然后用此来分辨和删除有争议的内容，并停用那些未能达到“社群标准”的用户账号（Buni & Chemaly，2016；Crawford & Gillespie，2016）。例如我们在第4章讨论的，优步会在用户打分的基础上，检测无法满足乘客期望的司机。

这些调节做法应在更大的网络生态系统商业与监管环境下加以理解，其中往往存在着相互矛盾的经济、政治和社会压力。一方面，平台公司显然有经济动机，不希望在通过其渠道交换的内容和服务方面受到过度限制，从而限制其广告和佣金收入。在2016年美国大选期间，当所谓的假新闻在社交媒体平台上广为流传时，这种经济动机变得尤为突出。总的来说，平台往往会迫于用户和广告商的压力对争议做出特别的反应。比如优步和爱彼迎等公司就曾因其种族主义司机和公寓业主的丑闻采取反歧视措施。同样，为直接应对2016年的假新闻争议，谷歌和脸书都采取了针对恶意出版商的相关措施（Wakabayashi & Isaac，2017）。在不断变化的社会关注和理想的推动下，内容过滤和用户屏蔽的标准也在不断变化。

鉴于平台调节行为引发的争议，公众自然就将其密切关注的目标转向动态选择对实现关键公共价值的影响。尤其是服务平台上用户账号的停用，更是引发了人们对优步等平台对基本劳动权利保障的担忧；在社交媒体网站上，平台调节的做法引起了人们对获取重要公众表达方式的担忧，进而，内容过滤或过滤缺失又引发了人们对平台可能限制言论自由和破坏公共辩论质量的警觉。当下，人们越发关注平台对人工和算法调节的依赖程度。人们认为，内容过滤应该是一种由公正技术支持的用户驱动过程，因此认为人工调节过滤内容是一种不合法的干预行为。当然，正如Gillespie（2016）所指出的，算法也会根据设计者指定的标准进行选择。这些标准与人工编辑过程一样，从根本上讲是“人类价值的一种表达”。因此，在考虑涉及算法、人工编辑或两者结合的平台选择机制时，我们不可避免地需要质疑指导这些机制的核心价值。

2.5 结论

本章介绍了三种有着密切相关性的机制，以及将计量和计算技术整合到特定治理模式中的方法，而这一发展应视为计算和通约化（commensuration）发展历史的一部分。在理解数据化、商业化和选择机制与当代治理策略之间的联系时，最重要的是要了解在新自由主义制度中，人们是如何利用会计和财务管理的计算制度实现Miller和Rose（2008）所说的“去行政化”的。通过预算管理、会计、审计和绩效衡量，社会组织和个人受到越来越多的“远程”管理，但同时也获得一定的决策自主权和行动责任。平台数据化正是在这种计算制度和放松规制的框架下形成的。平台数据化能够对绩效进行衡量，并跟踪生活中更多领域和更细致的不断变化的情绪、兴趣和观点。这种正在进行的将每一种类型活动转化为数据的过程可以视为一种通约的过程，Espeland和Stevens（1998）将其定义为通过“排名、比率或不断变化的价格将不同的特性转换成为同一度量形式”。在网络平台中，通约可表现为“点赞”、“分享”、“评分”、“评价”、“加好友”和“关注”等形式，使运营者能够对以前被认为是不可比较和不可量化的活动进行比较、分类和排序。从这个角度来看，随着治理和定量化之间的关系的长期发展，平台机制中的数据流转、商业化和选择是持续变化的。这些同时与政府的新自由主义重组以及市场理性和原则在各种社会活动中的渗透是非常一致的。平台机制塑造了生活的每一个领域，无论是市场还是公共品，私人领域还是公共领域。

正如我们将在接下来的章节中所讨论的，已确定的机制涉及公共机构、企业和个人，他们在网络世界中受到激励，会将其绩效最大化，并形成一种创业倾向。同时，平台引入的衡量形式和数据追踪方式，以及将其转化为具体商业模式和经济战略的方式，并不一定会支持现有的市场参与者。平台化既破坏了集体公共安排，也破坏了根深蒂固的市场结构。通过引入新的社会类别和选择机制，平台重组了价值体系和经济。正如Espeland和Stevens（1998）强调的，“通约具有政治性，它重建了权力关系，创造新的政治实体，并建立了新的解释框架”。

虽然这三种机制的主导表达方式在意识形态上与过去几十年美国和欧洲的新自由主义政府重组一脉相承，但这并不是说平台化进程的结果是预先确定的。本书所面临的挑战正是检验这些过程是如何形成的，以及如何以不同的方式将重要的公共价值纳入其中。解决这一问题的出发点是要认识到，不同类型的参与者可以选择如何将平台整合到他们的实践和日常活动中。

个人终端用户直面的是嵌入在平台界面和算法中的平台技术，引导他们选择最相关、评分最高、分享最多的内容和服务。平台的技术商业化选择策略与用户难以预料的策略之间的矛盾关系是一个值得探讨的切入点。最终，一个平台的命运是由用户的集体行为决定的。如果一个平台的大多数用户决定转移到其他平台或追求线下内容和服务，该平台很可能将走向失败，无法再形成必要的网络效应和规模经济。这一点我们将放在本书的最后一章进行讨论。

此外，我们还应考虑政府、企业、新闻机构、大学和医疗组织等机构的用户，它们试图建立平台生态系统，并将自己的活动整合到网络世界中。这类传统组织和机构通常将选择过程和相关准则固定在职业惯例、正式标准或道德标准上。例如，我们将在第6章讨论医疗机构，医疗机构在处理患者的症状或治疗数据时，通常采用严格操作规程，它们会谨慎选择合适的检测和评估方法。但这也受到在线健康平台的挑战，此类平台提供的是由商业化和选择机制形成的用户数据。如果平台绕过机构用户及其专业标准和程序，将不可避免地引发一系列泄露隐私和违反科学性的问题。

类似的挑战和问题也出现在其他行业。每一个具体行业中存在的问题基本都是：已经确立的制度程序与平台商业化战略之间的矛盾是否影响实现关键公共价值？在新闻界，决定新闻的标准是什么？这个选择过程能否外包给算法、平台运营商和用户？在交通业，社会经济平等的理想对交通组织有多大程度的影响？在教育行业，如果教育被视为数据驱动的个性化学习过程，那么将教育定义为公共利益的机构价值观会受到什么影响？为了妥善解决这些问题，我们必须准确了解平台在具体行业背景下的运作机制，以及它们是如何引导用户，又为何会与机构流程交织在一起的。

五大科技公司通过平台生态系统对社会组织方式产生的影响越来越大。它们为基础设施服务制定了技术标准，确定了经济模式，引导整个生态系统的用户活动，形成行业平台、社会机构、公司和消费者之间的互动。虽然可以用不同的方式组织这些关系，但这是一项难度极高的任务。正如我们将要讨论的那样，无论它们有多么创新，技术有多么成熟，其所需要的远不止是采取自下而上的、基于共同基础的措施。为了给平台社会的运作带来实质性变化，生态系统的基础设施核心应该对协商持开放态度，并允许其他社会行为者影响其基础机制。这也是我们现在转向四个特定行业（两个以市场为主导，两个以公众为主导）来研究平台化如何改变每个行业中不同社会行动者之间的不平衡。我们将以数据化、商业化和选择作为分析切入点，理解生态系统的运作机制，重新阐明权力关系。

注释

1. Acxiom是全球领先的数据分析公司之一，总部位于阿肯色州，2013年开始与脸书合作，引发了关于隐私侵权的问题。2014年，美国联邦贸易委员会（Federal Trade Commission）被要求调查科罗拉多州消费者数据收集公司Datalogix与脸书之间的一项协议，以确定该协议是否侵犯了用户隐私。

2. “免费增值”策略起源于共享软件发行模式，在这种模式下，专有软件可以在有限的试用期内使用，之后必须购买许可证才能继续使用该软件。自2006年起，“免费增值”一词就被用来概括这种模式。

3. 信誉机制中允许用户通过平台推广自己和作品是一个有趣的改变。政治家、活动人士和新闻机构试图通过脸书和推特联系尽可能多的朋友和关注者。出租车司机在优步上寻求积极的评级和评论。学者们通过提升ResearchGate和Academia.edu中的引文数量来证明他们的学术地位。自我推销、征求评论、监控明星、点赞、转发、浏览、下载、关注和注册已经成为许多用户的习惯性行为。

第3章　新闻

3.1　引言

2016年5月，科技网站Gizmodo透露，社交媒体公司雇用了一个编辑团队运用算法来编辑脸书的“热门”新闻，Gizmodo新闻网团队的一名前成员称，这些编辑还“经常压制保守派新闻”（Nunez，2016）。这些爆料立即引起了全球媒体的注意，直到那时人们才知道原来这个社交媒体公司是通过人工来编辑新闻的，整个操作流程是一个类似于机械化的过程（Carlson，2017；Gillespie，2016）。

几个月后，脸书便被大众指责在其人工编辑过程中缺乏监督。2016年美国总统大选之前，大量虚假信息在网上广泛传播，这些“假新闻”被编辑成像一般合法新闻的样子，并且大多是在脸书上传播的。BuzzFeed的Craig Silverman通过对平台上的新闻分享活动进行分析，证明了排名前20的虚假新闻的用户参与度比排名前20的主流媒体新闻的用户参与度更高（Silverman，2016）。几乎所有被贴上虚假标签的报道都是支持特朗普的，其中很多是来自马其顿运营的网站。为了快速赚钱，年轻的马其顿人聚集并抄袭美国右翼网站的内容，添加耸人听闻的标题，并在脸书和其他社交媒体上上传这些故事的链接。当这些内容像病毒一样传播开来时，传播者就能够通过谷歌 AdSense 等在线广告网络赚取可观的收入（Silverman & Alexander，2016）。

脸书因为默许此类活动而受到了很多谴责。一些谴责者指出，社交网络左右了总统选举的结果。最初面对这些质疑，脸书方否认其负有责任（Tufekci，2016）。然而，随着质疑声纷至沓来，越来越多的证据表明脸书确实助长了孤立的右翼媒体势力的发展，到此脸书公司才开始渐渐地承担起把控新闻质量的责任（Benkler et al.，2017；Manjoo，2017a）。2017年1月，脸书宣布了一项名为“脸书新闻项目”的计划，该项目旨在与新闻行业建立“更紧密的联系”，同时做到“在数字时代，为人们提供他们需要的知识”。这一举措是一项长期工作，目的在于使新闻行业的活动能够围绕脸书进行生产、发行和盈利。与此同时，它标志着脸书作为平台生态系统的一部分，积极参与治理新闻质量的工作。此外，脸书还努力与信息核实机构合作，并在其“社区运营团队”中新雇用了3 000名监察员，以帮助清除不恰当、具有攻击性和非法性内容的新闻（Goel，2017）。

脸书此次遭质疑的事件指向两个相关问题：一方面，基础平台通过开发新的数据服务和新闻的相关功能，正在成为新闻制作、传播和商业化的中心节点。以前，这些平台由于缺乏专业的新闻知识并且没能遵循新闻学的一些原则，所以没有履行其在新闻领域的职责。而如今，包括脸书在内，这些平台正在努力做到把控问题和履行应有的职责。因此，脸书公司一再强调，其主要目的仅是将用户与他们的朋友和家人发布的帖子联系起来（Isaac & Ember，2016；Mosseri，2018）。另一方面，各类新闻内容制作商，包括从传统媒体组织到虚假信息制作商，都通过在线平台来传播内容并获取盈利。为了实现网络效应最大化，他们越来越依赖五大平台提供的基础设施服务。正如本章所表达的，这意味着新闻的制作将逐步适应平台生态系统的机制和组织原则。

关键的问题是，这些变化要如何重塑新闻部门的公共价值。这些价值在过去指导着新闻行业的发展，现在对政治也发挥着影响力。新闻独立性是新闻媒体确保政治家、政府和企业负责任的首要条件。基于这个原因，所谓的教堂和国家之间的“墙”，也就是介于社论和商业新闻之间的报道，一直被认为是至关重要的。准确且全面的新闻报道所具有的价值可确保重大社会事件以及社会群体的观点得到公众的关注（Bennett，Lawrence & Livingston，2007；Hampton，2010）。

在以个性化为中心的平台生态系统中，实现公共价值是有困难的，因为用户常常陷于自我筛选出来的文化和意识形态的气泡中（Sunstein，2009；Pariser，2011）。当然，由于平台对广告收入最大化的追求以及记者对提供重要政治信息的政府的结构性依赖，专业的价值观会遭受商业损害和政治压力（Barnett & Gaber，2001；Bennett，Lawrence & Livingston，2007；McChesney，2004；Tumber & Palmer，2004；Schudson，1978；Underwood，2001）。但是，正如我们接下来所提出的，新闻的平台化不仅激发了这些问题，而且使关键新闻价值的实现变得更加复杂。

3.2 新闻平台化

从第1章关于平台化演进的论述可知，社交媒体平台是新闻领域的核心角色。新闻业作为最早的社会分支之一，在20世纪90年代末，随着网络平台的崛起发生了转变。当时，由于搜索引擎、新闻聚合器和分类广告网站的兴起，传统的新闻发布和收入模式都受到了冲击。这个过程实际上是新闻内容、受众和广告之间的“拆分”与“重新捆绑”。重要的是，我们有必要追溯这段历史，了解除了社交媒体这一种形式外，各种平台是如何建构当代新闻生态系统的。此外，每个平台为新闻机构获得更多的受众和收入带来了不同的机遇和挑战。

正如Nicholas Carr（2008）所指出的，报纸是一个新闻故事和广告的集合体。捆绑销售是出于经济需要而产生的，也是由制作和发布新闻的高成本所驱动的；“捆绑”是将人们所订阅的内容加上读者浏览网页时看到的付费内容结合起来的一种销售模式。“拆分”这一形式是20世纪90年代中期由分类广告网站如Craigslist和eBay发展而来的。由于长期以来分类广告是报纸行业的重要收入来源，因此这些网站成为破坏报纸行业的主要商业模式之一（Anderson，2009；Hirst，2011；Turow，2012）。然而，将这些广告转投到其他专门的网站，仅仅是Carr提到的“大拆分”的第一步。

在这方面，搜索引擎的崛起是一个更加复杂和令人堪忧的现象。像分类广告网站一样，搜索引擎破坏了原有的新闻内容与广告的关系。从21世纪初开始，以谷歌为首的搜索引擎迅速在在线广告领域占据主导地位，削弱了新闻机构获取广告收入的能力（Statistica，2017）。然而，Carr（2008）指出，搜索引擎也可以通过允许用户直接查找和访问单一的新闻文章和视频，使用户绕过“首页”直达内容。[1]这样的搜索引擎流量通过广告为新闻机构创造了新的获取收入的机会，同时也改变了新闻机构的内容发布和盈利方式。每一个独立的故事，“成为一个独立的产品赤裸裸地站在市场上”，“生存或死亡取决于其自身的经济价值”（Carr，2008）。当然，搜索引擎的兴起也意味着新闻机构开始失去对新闻管理的控制。最专业的新闻机构以能够提供准确、全面的新闻报道为荣。如果用户消费的是独立的新闻而不是整个捆绑内容，那么为什么个体渠道要提供完整的、包含内容的新闻产品呢？

各类新闻聚合器的发展进一步推动了“拆分”的过程，这些聚合器从不同的新闻来源（如在线报纸、博客、播客和视频博客）收集内容。新闻聚合网站的突出例子有谷歌新闻、苹果新闻和雅虎新闻。同样重要的还有基于网络和应用程序的提要阅读器，如Feedly、Flipboard和Digg，它们允许用户从不同的新闻渠道通过RSS（Really Simple Syndication，简易信息聚合）收集信息。像搜索引擎一样，聚合器将内容和受众分开，提供对新闻条目的直接访问。当然，与此同时，这些网站的附加价值在于它们将这些内容“重新捆绑”到一个位置。重新捆绑的方式使聚合器成为获取新闻的主要门户，而不是原来的新闻渠道。因此，对新闻选择的掌控正在从新闻机构转向平台。[2]

这把我们带到了社交媒体平台，比如脸书和推特。自2004年以来，它们迅速成为平台生态系统的中心节点，在这里它们有效地充当着新闻聚合器，但也有一些相应的变化。传统的新闻聚合器采用专业的编辑或算法，而在社交媒体上人们可以从任何渠道获取新闻或其他内容。这意味着，共享的内容往往是一种更加异质和偶然的内容组合，既包括来自主流新闻机构的新闻，也包括来自其他各种来源的新闻；既包括普通用户，也包括虚假信息制造者。因此，社交媒体不仅削弱了新闻机构对新闻选择的掌控，也从根本上削弱了专业新闻的特权地位。

由于社交媒体的迅速普及，它极大地推动了“拆分”的进程，使得“拆分”成为所有新闻机构无法逃避的现实。2012年，美国和欧洲只有少数网民通过社交媒体获得新闻（Mitchell & Rosenstiel，2012；Newman，2012）。几年后的2016年，路透社研究所发现，美国和欧盟有46%的人使用社交媒体作为获取新闻的来源。[3]这一发展的一个重要驱动力就是智能手机的日益普及。据路透社观察，“人们更多地在智能手机上使用社交媒体，而较少使用网站或应用等入口”（Newman，Levy and Nielsen，2016）[4]。在实践中，大量的新闻消费存在于社交媒体中意味着脸书正在逐步主导新闻的发布和选择，这一点可以从它的广告收入上看出。[5]脸书和谷歌目前在美国数字广告总收入中占据60%的份额，而其他所有在线平台和新闻机构总共占据40%的少数份额（Bruell，2017）。

这些百分比有力地说明了许多新闻机构目前所处的复杂形势。随着内容–受众–广告模式的“拆分”和“重新捆绑”，新闻机构日渐失去了对新闻传播、盈利和内容策划的掌控（Nielsen & Ganter，2017）。这一发展形式的下一步似乎是在平台上投放新闻内容。脸书的Instant Articles（新闻快读）、Apple News（新闻）、推特时刻（Moments）、Snapchat Discover（发现）和Blendle（混合）都促进了新闻内容的原生消费和货币化。新闻机构没有把受众吸引到它们自己的网站上，而是把它们的内容交给平台，在那里新闻可以被消费和购买，并有广告链接（Bell et al.，2017）。尽管这样的发展似乎是将Carr的“拆分”理论合理化了，但这并不意味着这就是新闻生态系统最终的组织方式。这在很大程度上取决于新闻机构如何根据平台的发展来战略性地运营自己的业务。接下来的章节将探讨这些交互作用如何塑造数据化、商业化和选择机制，同时看它们如何改变新闻进程，并潜移默化地塑造新闻业在社会和政治中的角色。

3.3　量化的受众

在非捆绑式新闻领域，数据化涉及各种各样的参与者，由于当今广大受众通过许多不同的途径消费新闻并留下可追踪的数据，因此已经有了大量的受众指标，这也催生了许多测量和数据服务。当然，从历史上看，新闻媒体行业一直都有监测受众的特点，尤其是在这个行业中依赖广告的部分企业。然而，只有网络化基础设施发展了，才能完全量化受众（Anderson，2011；Napoli，2011；Usher，2013）。要对内容－受众－广告这条产业链进行分类定价，新闻机构必须追踪每一块独立内容是如何在网上传播的。本节首先讨论新闻行业可用的各种受众测量服务，并研究数字新闻出版商和传统新闻媒体如何将这些服务整合到其运营中。从公共价值的角度来看，这一点尤为有趣，因为完全由数据驱动的新闻制作和传播过程可能会与新闻的独立性和新闻报道的全面性发生冲突，给新闻工作者带来额外的商业压力，使他们不得不制作能够触发用户参与的内容。此外，由于五大平台的数据基础设施也影响了编辑决策的范围，在新闻运营中平台数据的一体化实际上创建了路径依赖关系。

综观受众监测服务的整体格局，首先，我们会遇到一些传统的公司，如Nielsen NetRatings和comScore。这些公司通过在一群目标用户的电脑上安装追踪软件，来追踪网络媒体的使用情况，这些用户的习惯被推断为反映更广泛的人群。长期以来，这种方法一直被用于监测电视观众。其次，也有一些服务是建立在网络功能的基础上的。谷歌分析、Omniture、Hitwise和Quantcast等公司通过网站的服务器数据或互联网服务提供商的流量数据追踪受众（Cherubini & Nielsen，2016；Graves & Kelly，2010；Turow，2012）。虽然新闻编辑部使用这些服务迎合了大多数的公司和组织，但这些服务并不是专门为编辑决策而设计的。社交媒体公司开发的许多数据服务也是如此，它们可以跟踪一般受众的参与度并进行人数统计。

近年来，已有专门用于辅助编辑决策的新工具对普通受众监测服务进行补充，如Chartbeat、NewsWhip、Parse.ly、OutBrain Engage和CrowdTangle等。这些工具从不同的网络平台获取数据，为新闻机构提供详细的信息，了解用户如何在平台生态系统中参与和分享他们的内容。例如，Chartbeat为新闻机构提供专注于受众关注内容的实时分析。通过其控制面板，编辑们在实时受众指标的指导下，可以对新闻报道的标题和格式进行A/B测试，他们还可以修改登录页面的结构。[6]另一个突出的例子是NewsWhip，它每隔两分钟就会跟踪脸书、推特、Instagram、Reddit、LinkedIn和Pinterest上的社交媒体活动，为新闻机构提供了一个“预测性发现控制面板”，让记者可以根据地点、主题、关键词等实时识别病毒式传播的新闻内容（Cherubini & Nielsen，2016；NewsWhip，2017）。换句话说，这些数据服务构成了在新闻制作过程中运作平台数据的工具，有可能影响编辑决定采用的重点议题和重新设置内容的表现形式。正是通过用户数据，大平台有意无意地开始管理新闻。

最近，社交媒体公司，尤其是脸书，为新闻机构提供专门的受众监测服务，进一步推动了这一发展。2016年底，脸书收购了CrowdTangle，让新闻机构和其他用户可以免费使用。CrowdTangle允许发布者追踪他们的内容以及竞争对手的内容在主要网络平台（如脸书、Instagram、推特、Reddit和YouTube）上的传播情况。在被脸书收购之前，CrowdTangle已经被BuzzFeed、Vox、《赫芬顿邮报》、CNN、NBC和《今日美国》（Kessler, 2015）所采用。脸书将这一工具免费提供给大家，旨在进一步扩大新闻机构和其他各类公司的参与度。为此，它为这些机构提供了在线教程，介绍如何将CrowdTangle的控制面板整合到它们的业务中。作为其新闻项目的一部分，脸书将这些教程与详细的支持服务结合起来，说明如何将CrowdTangle与脸书的其他数据工具一起使用，包括Insights和Signal，能够帮助记者"展示脸书和Instagram上的相关趋势、照片、视频和帖子"（脸书，2017a）。

许多受众监测服务允许新闻机构根据平台生态系统定制其内容。该系统有利于通过在平台上获知数据化的用户活动并进行算法处理而制作和发布新闻，因此可能会与新闻工作者的独立性发生冲突。"自动化"的新闻过程将由量化的用户需求决定，而不是依赖于编辑基于新闻判断做出决定。但是，正如前面章节所说，用户授权只是故事的一半。平台数据化还意味着，平台的技术标准和经济模式塑造了专业价值和行业活动。因此，一个完全由数据驱动的新闻制作和传播过程将是一个平台动态发展的过程。这一行动能否成为现实，不仅取决于平台、数据服务和可用的指标，还取决于新闻机构如何将它们整合到自身的运营中。

3.3.1 数据驱动下的新闻制作和传播

在探索这一整合过程时，我们将首先关注行业内两家领先的数字出版商——《赫芬顿邮报》（HuffPost）和BuzzFeed，这两家公司总部均设在美国，且在新闻制作和发布的数据化方面表现得尤为自信。这两家出版商都是在2000年初以新闻聚合者的身份起家的，但随着时间的推移，它们开始发布更多的原创内容，并在此过程中发展成为大型媒体公司。作为主要的线上新闻机构，BuzzFeed和《赫芬顿邮报》尤其擅长对独特内容的制作、发行和货币化进行数据化处理。《赫芬顿邮报》负责人在接受采访时表示，数据是其新闻运营每个环节的核心。然而，数据不仅仅是指页面浏览量的数字。首先，《赫芬顿邮报》使用了一系列不同的数字化工具，包括定制版的Chartbeat（一种网站数据分析软件）、个性化的Omniture（一种在线数据分析工具）控制面板，以及从美国在线公司（AOL）购买的名为“地球引力”（Gravity）的自有推荐服务。通过这些工具，《赫芬顿邮报》的记者可以对实时趋势做出反应，并测试各种标题和格式；他们还就如何报道特定的专题和提高读者忠实度问题制定长期战略（Bowman，2014；Cherubini & Nielsen，2016）。在这方面，《赫芬顿邮报》可以被定性为一个数据导向的新闻机构，在这个机构中，记者和编辑个人的独立性受制于数据化。同时，数据化确实允许这个新组织在平台基础设施设定的范围内通过对特定用户赋予的特权进行编辑优先权的设定。

通过观察其他数据导向型新闻机构是如何利用平台数据进行工作的，我们就会进一步了解其工作原理。从一开始，《赫芬顿邮报》就被构想和定位为一个主流新闻网站，因此，它使用了大量的衡量标准来确定用户可能感兴趣的内容，并根据这些信号制作内容。相比之下，BuzzFeed最初只是一个病毒式的实验。这个网站并不只是专注于制作由热门话题列表提供的信息内容，还试图确定什么是病毒式内容。BuzzFeed以一种系统性方式收集自己的用户指标，并将这些指标与现有的平台指标以及有关文章和视频内容的描述性变量相结合，将病毒式内容转化为科学数据。通过这种方式，BuzzFeed可以对其内容进行A/B测试，预测新闻何时以及为何会发生病毒式传播，并在认为必要时调整其可见度。

尽管《赫芬顿邮报》和BuzzFeed都围绕着数据化的机制组织自己的运营工作，但它们各自开发了不同的方法来确定相关内容。在各种网络指标的基础上，《赫芬顿邮报》已经成为一个大众感兴趣的新网站，而BuzzFeed主要关注社交媒体数据，提供可分享的内容。通过专注于特定类型的平台指标，新闻出版商可以选择自己想要推广的内容种类。换句话说，编辑选择已经部分自动化，并转化为一个量化过程。

虽然数据导向型新闻出版商确实设定了编辑优先权，但这种新闻制作和发布方式需要从原本主要围绕编辑自主权的模式转变为基于数据化的用户兴趣和活动的模式。在这一点上，数据化与新闻自主性之间肯定存在着紧张的关系。用户数据从来不是用户感兴趣方向的中立反映，而是由平台的技术商业策略所塑造的。因此，无论新闻机构优先考虑何种数据信号，这些指标的使用本身就不可避免地将“平台视角”注入新闻运营中。为了了解数据对整个新闻过程施加的影响以及新闻业在整个社会中发挥的作用，我们还需要研究传统新闻机构是如何利用数据的。

3.3.2 传统新闻机构的数据化

从历史上看，所谓的优质新闻就是比任何其他媒体都更能体现这些核心价值：新闻独立性、公正性以及全面性。在整个20世纪，这些价值观一直根植于制度化流程、常规和新闻形式之中。《纽约时报》和《卫报》就是这种传统公司向数字化平台转型的典型例子。在过去的20年里，新闻行业拆分的过程迫使传统新闻机构重新思考如何制作、发布和实现盈利。这并不是说这些传统新闻媒体采用的是和《赫芬顿邮报》和BuzzFeed一样的数据导向型制作和发布模式。夹在印刷和网络之间，新闻报纸要在继续坚持许多传统的惯例、规范和价值观的同时逐渐适应平台的生态系统。

尽管新闻平台建设的标准已经出台了相当长的一段时间，但它们只是缓慢地融入传统新闻机构的新闻编辑部的运作中。2014年5月的《纽约时报》内部创新报告泄露事件就表明传统新闻机构正在进行根本性的变革。该报告显示，《纽约时报》领导层对数字出版商和社交平台的崛起没有忧患意识、没有充分应对。[7]报告强调，原生数字化新闻网站“的成功并非仅仅是因为榜单、问答、名人照片和体育报道，还是因为它们拥有先进的社交、搜索及社区建设的工具和策略”（Wills，2014）。该报告最后总结说，《纽约时报》需要做得更好，才能迎合互联网用户的兴趣和需求。为了实现这一目标，《纽约时报》在2014年秋季成立了一个新的受众拓展团队。该团队将系统性地追踪社交媒体和搜索引擎的流量，当一篇报道成为热门话题时，会邀请《纽约时报》的编辑加入社交媒体开展对话，并提炼关键字来优化搜索引擎上的新闻。此外，《纽约时报》还为特定的栏目和栏目组创建了社交媒体账号，比如为烹饪栏目创建Pinterest账号，为个人新闻栏目创建脸书账号。换句话说，该团队正试图围绕用户流量和活跃度来组织新闻运营。

即便如此，《纽约时报》在数据导向型新闻报道方式上显然是偏于保守的。其他许多报纸不仅组建专门的读者参与团队，持续监测平台指标，还将分析技术更彻底地融入新闻编辑部。2014年，《美国新闻评论》采访了美国18家平面新闻机构的编辑，结果显示，他们中的大多数人“鼓励或推荐员工使用社交媒体”。一些报纸，如《洛杉矶时报》，甚至“要求所有发表个人署名文章的工作人员都要使用社交媒体”（Fischer，2014）。尽管平台数据本身并不直接影响编辑决策，但用户指标正日益成为日常新闻工作中不可或缺的一部分（Cherubini，2014；Edge，2014）。

这些观察结果表明，报纸正在发展一种混合模式，夹在以编辑为导向和以数据为导向的新闻制作模式之间。报纸正在将有关网络受众的指标逐步纳入日常运营中，并逐渐形成了一个更加以需求为导向的新闻制作和发布过程。因此，虽然数据化的机制显然对传统新闻机构的新闻独立性造成了压力，但新闻独立性的价值在这些机构的新闻编辑部文化中根深蒂固，部分原因是，其大部分受众仍然在线下，因此数据导向型新闻制作和传播模式无法彻底实现。问题是，对于报纸发行和传播的内容类型，以及它们在政治中的角色，数据化意味着什么？为了回答这个更大的问题，我们需要探讨新闻内容是如何在平台的生态系统中被商业化和被选中的。数据化新闻过程的动态性，与其说是由单个新闻机构的报道决定的，不如说是由充斥在当代新闻格局中的新闻机构、平台、数据服务和广告网络集合体之间的互动决定的。

3.4 经济重组

新闻的“拆分”改变了用来交易的新闻商品的要素：从报纸及其读者转变为一个个独立的内容（如文章、广告）以及分散的、个性化的用户。这种转变带来了经济权力关系的根本重组。但问题在于，这种重组是否如许多观察人士所认为的那样，损害新闻业的经济生命力，进而破坏作为主要社会实践活动的新闻业的独立性和专业性（Bell，2016；Lewis，2017）。正如Couldry和Turow（2014）所明确指出的，广告历来都是对媒体内容生产的支持，而这种盈利模式正在面临着巨大的压力。

要理解新闻业的重组这一新发展的意义，我们首先需要了解媒体格局的经济重组是什么。过去，报纸和其他媒体机构扮演着将读者、观众或听众与广告商联系起来的双边市场角色。媒体机构有效地垄断了与读者的接触，从而控制广告市场。如今，网络平台在很大程度上取代了这一地位，作为连接受众、广告商和第三方内容生产者（如报纸和其他媒体组织）的多边市场（Nieborg，2015；Rieder和Sire，2014）。由于主要的基础设施平台（最突出的是谷歌和脸书运营的平台）吸引了数十亿用户，再加上其强大的网络效应，对广告商和内容生产者来说，这些平台变得很有吸引力，或者说是不二之选。

新闻内容从一开始就在平台的生态系统中传播，近年来，如前面所述，平台通过“原生托管项目”（Native Hosting Programs）将新闻机构更深入地吸引到其多边市场中。在这些计划中，新闻机构将自己的内容“移交”给核心基础平台，新闻内容在平台上被阅读、购买，并有广告链接。脸书的新闻快读就是最著名的例子，但苹果新闻、谷歌的AMP页面、推特的Moments和Snapchat Discover也提供了类似的功能。脸书于2015年5

月推出新闻快读，允许新闻出版商“在脸书移动应用程序和Messenger中向读者发布快速、互动的文章”（Bell et al.，2017）。该平台向出版商承诺，加载时间比标准移动网络文章快“十倍”。随着越来越多的用户通过互联网连接相对较慢的移动设备来消费媒体内容，平台上能够针对移动设备施行优化的原生托管模式成为一个有吸引力的方案。在商业化方面，新闻快读和其他大多数原生托管项目一样，允许出版商扩展自己的直销广告活动，并通过脸书上自己的广告网络出售有效的广告点位，获得30%的收入（脸书，2017b）。对于脸书和其他基础服务运营商来说，原生托管项目显然很有吸引力，因为它能将用户留在平台上，允许这些企业收集和控制用户数据，以及推送自己的广告网络。对于新闻出版商来说，它提出了一个更加模棱两可的命题，因为它进一步削弱了新闻出版商对受众-内容-广告关系的掌控程度。要理解这些商业化机制是如何在实践中重塑新闻流程的，关键是要解答出版商如何通过这些基础设施平台将其内容商业化的问题。

3.4.1 网络化策略与原生策略

在平台生态系统中，出版商至少有两种类型的商业化策略：网络化策略和原生策略。网络化策略是指通过网络平台传递内容链接、标题和片段，将受众吸引到新闻出版商的网站上，在那里投放广告或诱使他们注册订阅。或者，出版商也可以采取原生策略，即出版商将其内容托管在平台上，在平台上放置广告链接。新闻行业采取何种策略组合，对新闻机构与平台之间的经济实力分配，以及实现新闻独立和新闻报道的公正全面性，都会产生深远的影响。

到目前为止，新闻机构大多采用网络化策略，试图将用户吸引到自己的网站上。《赫芬顿邮报》、BuzzFeed和其他数字出版商从一开始就开发了一种以搜索引擎和社交媒体数据为基础的系统化网络方法，旨在吸引用户访问它们的网站（eBiz，2017）。在过去的几年里，传统新闻媒体也抓住了这一点，建立了受众参与团队，系统地对它们的运营进行数据分析。然而，事实证明，这一策略并没有给新闻机构带来特别丰厚的利润。由于广告可以通过每一个吸引用户的网站投放，因此通过广告触达用户的成本稳步下降。Turow（2012）在2010年研究了接触每千名目标受众的成本（简称CPM），他观察到，在线上内容-受众-广告关系中产生的收入远远低于线下。最近的研究表明，这种情况在过去几年里变得更糟（Bell et al.，2017；Nielsen & Ganter，2017）。

因此，也难怪许多新闻机构一直在尝试借助脸书和其他主要平台提供的原生托管项目。然而，推行独家原生策略会使新闻机构沦为新闻业的小小补充者，即将新闻发行和商业化外包给平台的内容生产者。因此，大多数出版商采取了一种混合方式，也就是将部分内容借助原生托管项目发布在平台上，同时通过在平台上发布链接的方式将其新闻内容与新闻机构的网站链接。各家机构对每种战略的重视程度存在较大差异。例如，2013年被亚马逊的杰夫·贝佐斯收购的《赫芬顿邮报》、BuzzFeed和《华盛顿邮报》，其大部分内容就是通过原生托管项目发布的，而《纽约时报》和《华尔街日报》则选择通过原生托管项目发布了很小一部分内容（Bell et al.，2017）。事实上，《纽约时报》与《卫报》在经过一些实验后发现，平台托管收入远低于其预期，因而完全退出了脸书的新闻快读（Davis，2017）。

此外，原生托管项目不仅对收入有影响，而且还引发了新闻机构与受众之间的关系问题。谁拥有与网络新闻用户有关的数据？谁又能组织它们并使内容对用户可见？值得注意的是，像脸书、苹果和谷歌这样的平台可以直接获取网络和原生受众的数据，而新闻机构只能间接获取，而且通常获取的只是部分数据。它们必须从第三方数据服务或五大平台本身获取这些数据。此外，网络化受众和原生受众基本上都被视为平台用户而非新闻受众。新兴的出版商行业协会“数字内容趋势”（Digital Content Next）发现，43%的用户甚至不知道他们在平台上阅读的新闻故事背后的出版商

（Moses，2016）。特别令人震惊的是，许多用户，尤其是脸书上的用户，并不是主动地寻找新闻，他们只是偶然发现了新闻（Gottfried & Shearer，2016）。最后，如果用户访问平台上的链接或托管的内容，新闻机构几乎无法控制这些用户阅读这些新闻的具体环境，这意味着这些新闻机构无法保证用户获得的新闻产品的公平性和全面性，而新闻的公平性和全面性却是政治所必需的。互联网用户能看到什么样的新闻，越来越多地由平台、用户和新闻机构之间的互动来决定。

为了获得更多的收入，新闻机构不仅要制定新的传播策略，还要创造新的广告策略。或者，更确切地说，新闻行业复兴了一种旧的广告形式——软文，并将其贴上了“原生广告”或“品牌化内容”的标签。原生广告是一种“广告体验注重用户体验的自然形式和功能的付费媒体”（Sharethrough，2015）。它允许出版商直接将广告插入社交媒体源中，将广告转化为被分享和消费的内容。像《赫芬顿邮报》、BuzzFeed这样的数字出版商，在普及这种广告形式方面做得尤为突出，同时，传统报纸也纷纷效仿。

原生广告虽然能带来收入，但也引发了新闻商业化的问题。通常托管看起来和感觉上都像是编辑过的内容，平台新闻出版商正在挑战传统的新闻业。品牌内容的激增与新闻业的核心价值观存在着矛盾，因为这意味着商业利益直接影响了内容的制作与发布。虽然大多数数字出版商将内容制作和品牌化分开，但用户倾向于将后者作为常规内容来体验和分享。2016年Contently与Tow-Knight中心合作的一项调查显示，绝大多数互联网用户甚至不把原生广告视为“广告”（Lazauskas，2016）。这对整个新闻生态系统来说是一个不小的问题，因为媒体内容总体上变得越来越商业化，留给批判性独立新闻和综合新闻报道的空间越来越小。

出版商清楚地意识到平台化对其独立性和长期经济可持续性带来的威胁，因此最近开始关注平台独立和广告独立的商业化战略（Bell et al.，2017；Nielsen & Ganter，2017）。因此新闻机构又开始努力增加在线订阅量，其所采用的方法基本包括“硬式”和“计量”付费墙（Newman & Levy，2014）。在“硬式”付费墙中，读者可以免费访问一些内容，但如果他们想要阅读更优质的内容，则需要付费。《纽约时报》、《金融时报》和《华尔街日报》采用的是“计量”付费墙，允许读者在付费订阅之前先浏览特定数量的文章。《纽约时报》、《华尔街日报》和《华盛顿邮报》在增加在线订阅者方面尤其获得了成功（Bond & Bond，2017）。这一点意义重大，因为它让新闻机构与在线受众有了更直接的关系，还将对数据和内容呈现的控制权还给了新闻机构，这反过来又帮助它们能够在不依赖广告网络的情况下直接销售广告。换句话说，在线订阅策略有可能使新闻机构实现内容、受众和广告的“重新捆绑”，更加不依赖于平台机构。但需要注意的是，这种策略只适用于那些声名显赫的新闻组织，如《纽约时报》和《华尔街日报》，人们只愿意对这些新闻组织付费，这才是可行的选择。

总之，在创造新收入来源的压力下，新闻机构制定了一系列以平台为导向的商业化策略，这与独立新闻和全面新闻报道的价值相冲突。虽然可以采取其他更独立的策略，但对于大多数新闻机构来说，这些策略不一定是可行的选择。在结束对平台的生态系统中新闻业转型的探究前，我们现在需要转向另一个方面：对编辑的内容进行策划。

3.5 策划内容

随着新闻生产、传播、商业化与平台的纠葛越来越多，这些平台的选题策划原则也越来越成为新闻策划的核心。选题内容一直是专业新闻的本质，反映了一个新闻机构对社会、政治、文化公共价值的判断。现在，人的选择权正在转移到平台部署的算法能力上，这一点可以从不同层面观察到。

首先，在全球范围内开展业务的平台公司试图就专业新闻机构可以分享的内容制定全球标准，即允许发布什么样的新闻内容，不允许发布什么样的新闻内容。一般来说，脸书、YouTube和推特的服务条款倾向于禁止报道含有裸体和暴力的图像、垃圾邮件和病毒的内容，以及具有仇恨或威胁性的内容（Gillespie，2017）。显然，这些规则留下了很多可解释的空间。人们往往搞不懂为什么一个平台删除了某些内容，却保留其他内容。2017年5月，脸书用于管理传播内容的一百多份秘密内部培训手册、电子表格和流程图被泄露，使得公众对脸书如何决定其20亿用户可以在网站上发布什么内容有了一些了解。从这些文件中我们可以清楚地看到，脸书试图在删除有可能令人感到震惊和有冒犯性的内容，同时又保留对公众有重要意义的内容之间找到一个中间地带。例如，这些文件指示管理人员"暴力死亡的视频虽然被标记为令人不安的，但并不一定必须删除，因为它们有助于引起人们对精神疾病等问题的意识"（Hopkins，2017）。不过，这些文件也显示，由于分享内容数量庞大，脸书管理人员往往只有十秒钟的时间来做出决定。此外，正如《卫报》所报道的，许多管理人员对复杂的、不一致的政策感到困惑，尤其是关于性内容的政策。针对此次泄密事件，脸书代表也承认，公司正在为编辑责任而苦恼（Hopkins，2017）。

当我们探究脸书内容审核工作对新闻进程的影响时，这种编辑责任的严重性就更加明显了。显然，社交媒体网络很难考虑到特定新闻内容的历史和文化的重要性。2016年的争议就证明了这一点，因为脸书不停地删除《战争的恐怖》（*The Terror of War*）中的标志性图片——一名年轻的越南女孩金（Kim Phúc）在凝固汽油弹爆炸后赤身裸体地在马路上奔跑（Levin，Wong & Harding，2016；Scott & Isaac，2016）。引发争议的导火索是脸书决定删除挪威作家汤姆·艾格兰（Tom Egeland）的一篇帖子，该帖子在其他"改变了战争历史"的照片中突出了这张照片。更糟糕的是，艾格兰随后被平台封号。当挪威《晚邮报》（Aftenposten）用同样的图片报道他被封号的消息时，他们的帖子也被删除。对此，《晚邮报》的主编埃斯本·埃吉尔·汉森（Espen Egil Hansen）给马克·扎克伯格（Mark Zuckerberg）写了一封公开信，他说："你们制定的规则并没有给出儿童色情作品和著名战争照片之间的界线。虽然你们践行了你们的规则，但却没有给出一个正确的判断空间。"（Hansen，2016）这封信立即在网上引发了讨论，全球成千上万的人在他们的脸书主页上发布了战争恐怖的图片。面对如此全球性的反响，脸书决定在其域名范围内恢复该图片。但它坚称："通常情况下，裸体儿童的图片会被认定为违反了我们的社区标准。"然而，"在这种情况下，我们认识到这张图片在记录一个特定时刻的历史性和全球性问题"（Levin，Wong & Harding，2016）。然而，讽刺的是，如果这样的图片是拍摄于今天，它几乎无法通过脸书和具有类似社区标准的平台主导的新闻选择系统而成为标志性的图片。

总体上脸书这样的内容平台还没有产生太多的争议，这是因为平台总体上对特定内容的文化、地方、政治和历史重要性几乎没有表现出敏感度（Gillespie，2017；Youmans & York，2012）。由于此类平台依赖于用户标记、自动图像和文字检测以及短时间人工审核的组合，因此可以预见，平台审查会缺乏新闻机构的编辑思维（Buni & Chemaly，2016；Crawford & Gillespie，2016）。很显然，脸书试图避开这种期望和新闻过程的复杂性，辩称自己是一家技术公司而不是一家媒体公司或出版商（Manjoo，2017a）。这显示了平台化所产生的经济与社会问题。脸书和其他主要平台渗透到不同的经济领域，从根本上重塑了这些领域的组织方式，但却拒绝承担随之所产生的责任。尽管如此，由于脸书等社交媒体平台始终需要对内容进行监控，而且人们也将继续通过这些平台分享和获取新闻，因此它们不可避免地在新闻选择方面发挥着核心作用。有人指责它们过滤的信息太多，有人指责它们过滤的信息太少，它们恰恰成为其所不想成为的"真相的仲裁者"。

其次，平台也会极力地干预吸引大量流量的新闻的类型与媒体的类型，从而主导新闻领域。尤其是脸书的“新闻推送”（News Feed）的算法变化，往往会对特定新闻机构的流量产生巨大的影响。例如，2013年底，当脸书决定鼓励分享更多优质的新闻内容时，《赫芬顿邮报》和Upworthy等许多数字出版商的流量大幅下降，但BuzzFeed的流量却保持不变，这让观察者们对脸书错综复杂的算法策划感到疑惑（Carlson，2014；Kafka，2014）。更具戏剧性的是，脸书在2017年决定进行一项实验，将专业新闻媒体从斯里兰卡、危地马拉、玻利维亚、柬埔寨、塞尔维亚和斯洛伐克六个国家用户的“新闻推送”中完全删除；媒体机构发表的公开文章被转移到平台上独立的“新闻推送”中，这大大降低了这些新闻机构的用户流量（Hern，2017b）。而在2018年初，马克·扎克伯格宣布，脸书公司将“对我们建立脸书的方式进行重大变革”，这将导致用户在“新闻推送”中看到更多来自“朋友、家人和群组”的内容，而看到较少来自“企业、品牌和媒体”的内容（Mosseri，2018）。每一轮脸书“新闻推送”的重大算法修订都会引起新闻行业对脸书的审查，而新闻行业的流量已开始依赖于脸书。

这类变化也会影响新闻类型。我们在第2章中已经提到，大多数平台在其算法中选择“最相关”、“热门”或“流行”的内容时，试图把个人和全球感兴趣的内容全包括进来。在这样做的同时，它们会优先考虑那些能迅速吸引更多用户参与的内容。新闻自动选择在很大程度上围绕着“个性化”和“病毒化”的原则（这些原则已完全融入了平台架构），促使用户将内容与他们的朋友和“粉丝”分享，从而获得“情感”的回应。[8]这些新闻内容个性化和病毒化的趋势再次表明，脸书和其他社交平台的首要任务是最大限度地提高用户参与度，而不仅仅是为所有用户提供准确且全面的新闻。

此外，用户分享实践和算法个性化会产生过滤气泡，将用户封装在自己的信息茧房中（Sunstein，2009；Pariser，2011）。然而，经过多年的研究和争论，过滤气泡是否存在仍有争议。尤其是脸书试图通过内部研究证明，人们在新闻推送中看到的重要新闻有相当一部分是跨越思想观念界限的。此外，该公司还辩称，如果用户没有看到思想观念多样化的内容，并不是因为平台的算法，而是因为用户往往不太会点击平台不同意的内容，以及因为平台自己的社交网络传播的内容不是多元化的（Bakshy，Mesing & Adamic，2015）。这一点再次清晰地说明了脸书和新闻机构之间的关键意识形态存在的差异。从平台的角度来看，确保用户获得多样化的新闻是个人的责任，而不是专业编辑的责任。因此，平台化倾向于将新闻的准确性和全面性从公共价值转化为个人价值。这表明，内容个性化不能仅仅归结于平台算法或用户的偏好和实践，而是平台、用户和新闻机构之间相互作用的结果。因此，研究新闻机构选择平台的原则是什么、制定什么样的内容策略也至关重要。

3.5.1 新闻内容策略

由于新闻机构具有多样性，它们在平台选择的应对方面存在很大差异，完全数字化的出版商会根据平台选择机制最直接地塑造自己的新闻制作和发布流程。从最受欢迎的BuzzFeed和《赫芬顿邮报》的例子可以看出，在数字化的出版战略和情感驱动的平台分享的共同作用下，这些机构倾向于增加娱乐信息和突发新闻——这种策略与商业大众媒体提供娱乐以吸引尽可能多的读者和观众的做法非常相似。数字化出版商倾向于强化这一点，不仅仅是企业战略促使的，也受平台生态系统的影响。平台的技术基础设施和商业模式完全是为了刺激、捕捉用户情绪，并将其商业化。数字化出版商通过对平台的优化运营，将这些情感有效地转化为专业制作的内容。

值得注意的是，算法选择机制也会影响数字化出版商生成内容的数量。由于只有一小部分文章和视频能够迅速走红，这些出版商已经发展成为成熟的内容工厂，以确保至少有部分内容能火起来。例如，2016年，BuzzFeed平均每天产生6 365个帖子和319个视频。相比之下，同年，《纽约时报》每天发布的内容（故事、图文、互动和博文）约为230篇

（Meyer，2016）。注意一下，数字化出版商实际上提出了一种不同的出版模式，即以疯狂的速度制作内容，让平台用户而不是编辑人员来决定什么内容是有价值的。这标志着原生互联网采用的是“先发布，再过滤”的模式，而不是传统的“先过滤，再发布”的模式（Shirky，2008）。当然，这种内容偏好也与观察到的由平台驱动的编辑责任从专业编辑向个人用户的转变相对应。

数字化出版商从一开始就针对平台生态系统优化内容制作和发布，而传统新闻机构则是在平台选择机制的影响下才逐渐引入新闻形式和风格的变化。这些机构大多试图在适应平台生态系统和保持新闻自主权之间寻找平衡。它们中的许多机构已经投入资金，以视频、幻灯片、（直播）博客、榜单、问答以及推特和脸书持续更新等形式，为平台用户源源不断地提供娱乐信息和突发新闻。它们还特别注重为生活、技术和体育栏目制作更多的视频内容，因为这类内容能提升社交媒体流量，是原生广告收入的重要来源。实际上，这种策略并不总是成功的，尤其是当它迫使出版商裁减编辑人员时（Benes，2017）。

同时，还有许多传统新闻机构继续做着它们一贯采取的调查性报道方式。尤其是在应对特朗普上台和“假新闻”争议时，传统新闻机构再次强调了批判性、独立性新闻的重要性。平台的兴起虽然刺激了个体用户友好型的内容制作，但并没有消除通常被认为是高质量的、批判性的新闻报道。一些新闻机构，如《卫报》，已经设法吸引了新的订阅者并募集捐款，强调了独立新闻的重要性。

也许更令人惊讶的是，行业领先的数字化出版商也开始投资开发调查性新闻和原创内容。比如，《赫芬顿邮报》已经组建了记者团队，专门在15个不同的国家制作原创内容（Folkenflik，2015）。而最引人注目的是BuzzFeed，该公司以其调查性报道而闻名，同时不断推出越来越多的病毒式内容。在短短几年内，这家数字化出版商已经建立了一个新闻编辑部，到2015年，该新闻编辑部已有大约250名记者和编辑。无论是在美国国内新闻还是在国际新闻方面，Buzzfeed的记者都专注于原创报道。它的主编本·史密斯强调，他主要雇用的是以“打电话、去艾奥瓦州旅行、与政治家喝酒等方式获得独家新闻的记者”（Lichterman，2015）。

综合来看，为了应对平台的崛起，新闻机构开始加倍重视娱乐信息和突发新闻的制作，从而产生巨大的用户流量。而这类内容的制作和传播在很大程度上受到平台数据的引导。从这个意义上讲，平台化似乎给独立新闻和新闻全面报道带来了压力。与此同时，我们还注意到，各家新闻机构在新闻价值观的指导下，不断开展调查性报道。鉴于新闻过程的平台化还在展开，要判断它最终如何影响新闻业在政治中的作用还为时过早。在回答这个问题时，必须注意到，用户在新闻平台上能看到什么样的新闻，只在一定程度上取决于可用内容的类型。为了理解新闻在平台生态系统中最终是如何被选择的，我们现在需要转向新闻机构、平台和用户之间的互动，并且关注选择机制如何影响关键公共价值的实现和新闻在政治中的作用。

3.5.2 内容的监管

以五大媒体基础平台为核心的平台生态系统的发展，从根本上改变了新闻和内容选择的态势，把责任推给了用户的喜好。平台选择机制重塑了调查性新闻的传播，就像娱乐信息，还有专门为引发病毒传播过程而制作的虚假信息。因此，即使有很多高质量的新闻作品，也有可能无法接触到平台的大众用户。现如今，娱乐性和情绪化的内容往往比硬新闻（hard news）传播得更快更远已不再是一件稀罕事。简单点来说，可能一段可爱的猫咪视频要比乌克兰政局的新闻受欢迎得多（Seitz，2014）。因此，更值得人们注意和担忧的是，虚假信息也往往比硬新闻传播得更远更广。Vosoughi、Roy和Aral（2018）研究了“2006年至2017年在推特上传播的所有经过验证的真假新闻故事的差异化传播”，发现“在所有类别的信息中，虚假信息比真实信息传播得更远、更快，影响更深、更广”。令人震惊的是，这些动态似乎很大程度上是受不同类型的新闻引发的用户情绪反应所影响的。研究人员发现，虚假新闻被认为是“新奇的”，“在回复中激发了恐惧、厌恶和惊讶”，而“真实故事激发了期待、悲伤、喜悦和信任”。

同时，我们应该注意到，这些动态从根本上是由平台生态系统驱动的。专业新闻机构将查实的硬新闻与娱乐相结合，刺激读者和观众进行整体捆绑消费，而平台选择机制则促使用户对硬新闻、娱乐和未经核实的新闻进行不协调的消费和传播。因此，某些特定的新闻，包括虚假的新闻报道，可以变得明显可见，且“传播速度”更快，而其他新闻则基本上仍处于关注度极低的状态。这表明，那些关注新闻业在政体中的作用的政策制定者和媒体理论家，需要将关注点从个别新闻机构和传统新闻媒体转向平台生态系统及其选择机制。虽然传统新闻媒体（特别是报纸）长期以来一直是公共辩论和社会问责的载体，但它们现在只是决定人们能看到什么信息以及如何解读这些信息的众多行为者之一。

2016年美国的“假新闻”争议充分说明了这一点。它表明，尽管主流新闻报道和事实核查机构的报道推翻了虚假信息，但这些有战略意义的虚假信息可以通过平台迅速传播。Benkler和他的同事（2017）研究了这一时期通过脸书和推特分享新闻的情况，发现极右翼新闻和评论网站布赖特巴特（Breitbart）成为“一个独特的右翼媒体生态系统的中心，周围有福克斯新闻、每日通讯、Gateway Pundit、华盛顿观察家报、信息战、Conservative Treehouse和Truthfeed”。被囊括在这个生态系统中的用户更不可能看到政治光谱中心的主流新闻机构的报道。虽然错误信息是由布赖特巴特和其他以右翼为主的新闻组织及企业家制造并传播的，但如果没有平台生态系统，它永远不可能有如此大的影响力，也不可能成为一个盈利企业。此外，正是因为平台促进并允许内容个性化，才能建立一个与外界隔离的媒体系统，传播美国政坛上超党派右翼观点（Benkler et al.，2017）。

基于这些因素，我们需要重新思考平台社会中新闻进程需要什么。当然，这个进程仍然需要专业新闻机构进行普遍、独立、公正和全面的新闻报道。它还要求参与这一进程的其他行为者承担起信息传播的责任。这种责任的主体是基础设施平台，其分享功能、算法和广告网络极大地促进了错误信息的传递，将其变成了强大的政治武器和赚钱生意。换句话说，我们需要讨论的是，基础设施平台应该在多大程度上为其所拥有的行业力量负责。

脸书和谷歌针对2016年美国“假新闻”风波，提出将事实核查作为打击虚假信息传播的补救措施之一。首先，它们已经开始与独立的事实核查机构合作，对虚假信息进行识别和标注。脸书和谷歌会在内容中贴上“虚假”标签提醒用户，并要求用户标注其发现的虚假信息。此外，谷歌和脸书已禁止数百家恶意出版商进入其广告网络（Wakabayashi & Isaac，2017）。有意思的是，这些措施很大程度上是因为广告商担心自己的声誉。在YouTube的案例中，公众的抵制促使大型广告商（如《卫报》、BBC、AT&T和Verizon）强制该平台保证它们的广告不会与有问题的内容一起出现（Hern，2017c）。这种主动的广告客户行为也影响到了布赖特巴特，该公司的广告客户数量急剧下降（Moses，2017）。最后，脸书和谷歌都推出了加强新闻监管的项目。如上所述，脸书新闻项目于2017年1月宣布成立，而谷歌则于2018年3月公开了其新闻计划。除了让用户更方便地订阅新闻出版物并为出版商提供新的分析和内容发布工具之外，谷歌的倡议还特别关注提高“数字信息素养”，并打击“在选举和突发新闻时刻”的虚假信息（Schindler，2018）。

但对于一些批评人士来说，这些措施还远远不够。他们认为，应将社交媒体公司视为新闻机构，对通过其平台发布的内容承担同样的编辑责任（Bell，2017）。虽然我们同意像脸书这样的媒体基础设施平台确实需要对自动分享的内容承担更多的编辑责任，但不能也不应该将其等同于新闻媒体，因为这样的等同行为并不能公平对待平台机制、用户活动和内容生产者之间复杂的相互依赖关系。此外，让那些几乎没有编辑专业知识和经验的公司来为数十亿用户所看到的东西承担全部责任，也并不是一件正确的事。脸书对《恐怖战争》图片的屏蔽以及其他许多平台高度武断的编辑决定行为都表明，这绝不是一个可取的解决方案。

为了增强平台社会中新闻过程的中立性，不同的关键行为者通过平台在新闻策划方面进行合作至关重要（Helberger，Pierson and Poell，2018）。要做到这一点，就需要更高的透明度：关于平台上允许的内容种类的准则、事实核查的规则、趋势性新闻报道以及平台算法的整体开发都应该开放，接受中立评估，而不是秘密地决定。这样的主张与欧盟委员会假新闻和网络虚假信息高级别专家组的建议是一致的。此外，该专家组也强调了透明度的重要性，同时强调了提升媒体和信息素养、继续研究虚假信息的传播、向用户和记者赋能的工具，以及维护欧洲新闻媒体生态系统的多样性和可持续性（欧盟委员会，2018）。迈向健康的在线新闻生态系统的至关重要的第一步是，平台要更深入地了解它们如何执行用户政策，以及通过什么原则来构建它们的算法。随后，这些内容策划的形式应该受到控制和治理机制的约束，实现关键的公共价值。例如，我们可以考虑由新闻行业、广告业和公民的代表组成一个理事会，共同决定新闻内容过滤和商业化的标准。我们将在最后一章重新讨论监督和治理问题。

3.6 结论

本章表明，通过平台生态系统进行的新闻制作、传播和商业化涉及各种各样的行为者。这既不是一个平台驱动的过程，也不是一个用户驱动的过程，而是一个由平台、广告网络、新闻和事实核查机构、广告商和数十亿用户之间互动的结果。正是通过与这些参与者之间的互动，数据化、商业化和选择机制才得以形成。由于用户数据被平台广泛使用和传播，且新闻机构积极围绕平台数据组织新闻的生产和发布，因此用户数据在新闻发布过程中变得至关重要。同样，因为平台的兴起导致围绕平台作为多边市场的经济关系发生了根本性重组，新闻商业模式也会发生变化。平台机制改变了新闻机构，因而它们被迫制定新的原生和网络商业化策略。最后，虽然平台政策和算法成为新闻监管的重要手段，但选择机制也受到新闻机构如何定位平台、用户如何分享特定内容以及事实核查机构如何进行问题内容审查的影响。

综上，关注实现关键新闻价值的决策者、非政府组织以及媒体和传播学者需要正视当代新闻进程中不同行为者之间的相互作用，[9]这意味着要将注意力从单个新闻机构和单一平台转移到基础设施平台和部门参与者之间复杂动态的生态系统上。这就是需要实现独立、准确、全面的新闻报道等关键公共价值。在实践中做到这一点并非一件易事，因为没有任何一个行为体能够最终对新闻的多样性、商业性内容的隐性增加、虚假信息的传播或专业标准负责。定义平台社会的条件和原则的斗争，需要敏锐地发现新闻生态系统不断发展的本质。在这个生态系统中，关键行为者不断改变他们的数据化、商业化和选择策略。因此，新闻进程的治理是以大型媒体基础平台以及主要新闻机构对这些策略的持续监控为前提的。在这种监测的基础上，各个主体需要共同制定和维持内容多样性和准确性的标准，以及新闻独立于商业和政治压力方面的标准。

注释

1. 英国路透社研究所（Reuters Institute）和美国皮尤研究中心（Pew Research Center）的研究显示，到2012年，大约30%的数字新闻消费者确实是通过搜索引擎获取新闻的（Mitchell & Rosenstie，2012；Newman，2012）。

2. 就用户流量而言，信息整合当然是成功的。2017年5月，雅虎新闻（Yahoo News）和谷歌新闻（Google News）是美国最受欢迎的两个新闻网站，其总流量是美国有线电视新闻网（CNN）、《纽约时报》（*New*

York Times）和福克斯新闻（Fox News）等著名新闻机构总流量的两倍（eBiz，2017）。

3. 然而，在整个欧洲，社交媒体新闻使用率存在着显著的差异，一些国家的社交媒体新闻使用率仍然较低（德国31%，英国35%），而其他国家的社交媒体新闻使用率则高得多（希腊74%，土耳其73%）（Newman，Levy and Nielsen，2016）。

4. 社交媒体对年轻人（18~24岁）尤其重要，它成为主要的新闻来源（28%），超过了电视（24%）和其他线下及在线媒体（Newman，Levy and Nielsen，2016）。

5. 路透社（Reuters）发现，在所有26个接受调查的国家中，通过脸书获取新闻的人数比例高达44%，几乎相当于通过社交媒体获取新闻的总人数（Newman，Levy and Nielsen，2016）。

6. 几年之内，Chartbeat已经在全球新闻编辑室中无处不在，为5万多家媒体网站提供服务，包括美国前80%的出版商（Petre，2015；Cherubini & Nielsen，2016）。

7.《纽约时报》出版商之子亚瑟·格雷格·苏兹伯格（Arthur Gregg Sulzberger）领导的委员会撰写的报告得出结论，《纽约时报》的新闻编辑部过于关注印刷报纸的头版新闻，它应该去专注于成为“数据第一”的新闻编辑室。《纽约时报》越来越落后于其数据竞争对手《赫芬顿邮报》和BuzzFeed，后者在高质量新闻方面进行了新的投资，而“脸书、推特和LinkedIn则通过招聘编辑和发布新产品来深入研究新闻业务”（Wills，2014）。

8. 例如，脸书在回顾其内部数据时发现，“感人、情感、鼓舞人心的故事”和“挑衅性、充满激情的辩论”引发的参与度是其他故事的两到三倍（Osofsky，2010）。这一结论似乎适用于不同的文化背景和社交平台（Berger & Milkman，2012；Chen & Sakamoto，2014）。

9. 专业出版物的非营利性新闻编辑部是非政府组织和学术机构网络合

作中的一个有趣案例，旨在通过协助新闻机构发布调查新闻来提高当代新闻的质量。它实现这一目标的关键方式之一是制作“数据丰富的新闻应用程序”，以供其他新闻机构使用。“金钱医生（Dollars for Docs）”项目是一个突出的例子，该项目让记者和普通用户可以查看美国医生从制药公司收到的款项。非营利性的新闻编辑部组织整个新闻生态系统的调查性新闻报道。

第4章 城市交通

4.1 导论

我们接下来将分析的领域是城市交通。正如世界范围内激烈的法律纠纷和公开辩论所显示的那样，城市交通领域的大部分注意力都集中在优步等网络约车平台的崛起以及它们与传统出租车公司的竞争上。[1]2016年11月，欧洲法院受理了西班牙国家法院的案件，该案件旨在确立优步在欧洲交通领域的地位。其中主要讨论的问题为优步是一家运输公司吗？它是否应该按照当地制定的有关许可、客户安全以及私人运输部门定价的法律来运营？还是应该将其视为一个互联型平台（connective platform）——换句话说，一个连接供求的创新平台能否在欧盟政府想要建立的横跨欧洲的统一数字市场上自由使用？2017年12月，欧洲法院裁定，优步应被视为交通行业的一部分。

这起案件很可能不会是平台社会中最后一起交通运输组织的法律纠纷。正如我们将在本章论述的那样，这起欧洲法院案件的核心问题（优步是一个互联网平台还是一项运输服务？）不仅仅是出租车行业的监管。城市交通在很大程度上是一个市场部门，但它也有相当大的公共利益。它一直由众多供应商组成，包括以市场为基础的运营商，如出租车和巴士公司，以及公共服务供应商，如公共交通运营商。为了确保这些服务的质量，一方面，地方政府建立了监管框架，如控制出租车市场；另一方面，它们为公共交通基础设施（如道路和交通系统）和组织提供补贴。监管框架和补贴将确保与公共交通质量有关的一系列公共价值：消费者保护、乘客安全、包容性（服务应惠及所有人，包括残疾人）、普遍服务的提供（城市的所有区域都应提供服务）和可负担性。

平台化影响了整个行业，有效地模糊了私人和公共交通模式之间的界限。因此，现有的公私合作安排已经开始改变。在本章中，我们将分析和讨论城市交通平台生态的出现，重点关注两个核心公共价值：城市交通质量及劳工组织和工人权利。每一项公共价值的重要性远远超出了城市交通部门范围，并解决了整个平台社会的治理问题。透过平台机制的棱镜，我们将分析城市交通部门如何改变世界各地不同城市地区的社会组织。数据通信使得许多新的参与者可以在网上提供他们的自行车、汽车或拼车服务；选择机制有助于乘客和新旧互补者之间的匹配。同样，在综合运输服务中提供公共和私人运输选择的新互联型平台正在出现，通常被称为“出行即服务”（MaaS）。

欧洲法院案件的核心问题是平台在多大程度上应该被理解为交通部门的一部分，就像在前一章我们讨论了像脸书这样的社交媒体平台应该在多大程度上被称为媒体的一部分。脸书和优步声称，它们只是连接者，对该行业本身不承担任何责任。在劳工组织方面也可以看出类似的立场，互联型平台运营商声称它们授权小微创业者提供服务，并允许用户通过其信誉机制对其提供的服务进行自我管理。这些立场都意味着，互联型平台试图在回避自己在实现公共价值方面应承担的集体责任。

本章所提出的难题的解决办法围绕着责任承担的讨论展开。互联型平台可以为某些个体提供更加个性化和高效的城市交通方式。同时，平台化可能会破坏城市交通的公共价值，比如交通的包容性和普惠性服务，这是因为平台的数据化、商业化和选择机制更倾向于特定的而不是普惠的经济价值和公共价值。那么，地方政府、非政府组织或集体能做些什么来纠正市场驱动的平台机制呢？我们将讨论政府和民间团体组织如何从公共价值出发来完善运输生态系统的各种模式。

4.2 城市交通中平台生态的出现

21世纪10年代中期兴起的城市交通网络平台极大地增加了消费者的出行可选方式。自行车共享及汽车的拼车服务，以及网约出租车或公共交通出行计划的新应用程序拓宽了用户选择的范围，在错综复杂、互不相连的城市交通系统中方便了用户。首先，我们将概述各种交通出行平台，并描述它们是如何日益融入平台生态系统的。

关于约车服务和拼车服务的互联型平台的争论大部分都集中在互联网出行公司（TNCs）上，比如优步和Lyft。它们最初是直接与出租车公司等传统组织竞争，但渐渐地开始承担起公共交通的组织工作。优步和Lyft通过基于应用程序的服务将专职司机与乘客联系起来。两家公司本身都不拥有该行业的任何基础设施，也不雇用司机。私人司机以小微创业者的身份提供实际的交通服务。一些司机可以是符合当地政府部门规定的特定标准的专业出租车司机。另外，在一些国家，优步还推出了备受争议的UberPoP服务，允许私人司机为其他人提供服务，模糊了专业出租车服务和拼车服务之间的区别。到目前为止，拼车业务大多发生在私人领域。

对消费者来说，这些互联网出行公司的吸引力在于它们便于使用，同时，与传统公司相比，它们的价格更具有竞争力。它们打破了交通业以及其他行业的有关规定，这在一定程度上促成了低价格。另外，这些互联网平台公司不认为自己是交通运输业的一部分，它们声称这些规定并不适用于它们，我们将在第4.4节“使城市交通商业化的三种方法”中回到这个话题。

除了互联网出行公司之外，还出现了其他互联型平台，这些平台可以提供私人拼车、个人租车或公司租车的服务。[2]例如，BlablaCar和Waze Carpool（全球范围）、SnappCar（欧洲）、Turo（以前是RelayRides，在美国活跃）和Getaround（美国）。这些互联型平台主要依靠个人提供服务。同时，传统公司也建立了自己的平台。传统的公共交通公司已经通过公共交通出行计划的新应用程序提供服务，这些应用程序也越来越多地允许线上订票。传统的出租车公司也已经建立了自己的约车应用。我们还看到出现了新的租赁公司，包括Car2Go和Zipcar。这些公司自己管理车队，用户可以通过应用程序按分钟或小时租用车辆。自动驾驶汽车的发展可能最终消除这里描述的各种类型之间的差异。尽管无人驾驶汽车是否会在短期内占领我们城市的道路还很难说，但越来越多的互联网出行平台似乎都在朝这个方向发展。[3]

在生态系统层面上，新的互联型平台已经出现，它们将各种运输产品集成到MaaS系统中（Ambrosino et al.，2015；Shaheen，Stocker and Bhattacharyya，2016）。一些平台旨在为乘客提供出行计划的综合方案，方案可能会结合公共交通、自行车共享和像优步这样的拼车服务。例如Citymapper、Moovel和Transloc，它们基于实时数据提供跨多种模式的交通规划，比较不同的出行时间和成本（Tsay，Accuardi and Schaller，2016）。[4]这些MaaS平台的共同之处在于，它们都雄心勃勃地要整合各种交通服务，提供单一的支付系统，并持续不断地向用户提供乘车的实时信息，包括个性化的推荐。

这里出现了一个复杂的分层模型。MaaS平台扮演着连接者的角色，将乘客与传统的公共交通公司和汽车租赁服务相匹配。与此同时，一些与MaaS平台互补的其他平台本身就起到了连接的作用。例如，在乘客和司机的部分旅程中连接。反过来，这些连接者和互补者都依赖于基础设施平台提供的基础服务和技术，在这个过程中，五巨头发挥着核心作用。另外，地图服务非常重要，因为它能够提供组织个性化运输服务的中心信息层。许多部门平台都依赖于谷歌地图进行定位、导航和可参考的交通数据。就优步和Lyft两大平台而言，优步过去使用TomTom地图以及谷歌地图获取交通数据，现在开始逐渐收集和使用自己的地图数据；Lyft则是建议司机使用Waze（由谷歌拥有）或谷歌地图导航。应用程序商店在此方面也发挥着重要的作用，因为它们是互联网出行公司向公众提供应用程序的第一扇大门。[5]在互联网基础平台登录服务和身份管理等功能的垂直集成中，集成化更加明显，例如，大多数点对点租车服务都是依靠脸书或LinkedIn的登录程序。此外，云计算也发挥着重要作用，特别是在无人驾驶汽车的信息处理的进一步发展中，微软已经与中国的百度在阿波罗项目上展开合作，将其Azure云平台用于开发自动驾驶汽车（Choudhury，2017）。

地图应用程序将作为传输门户发挥中心作用，开放对各种互补工具的访问。例如，人们在谷歌地图上寻找出行路线时，系统会自动提供各种选择，从步行、骑自行车、乘坐公共交通工具到直接在优步下单，这是因为谷歌Ventures对优步有少量的投资。此外，谷歌地图可以通过标准化的通用公交数据格式显示全球18 000个城市的公共交通时刻表。谷歌开发的数据格式现在已经成为交通数据的实际标准，这说明了基础设施公司在平台生态系统中拥有制定标准的能力。

MaaS平台和其他综合运输服务的兴起在互联型平台和提供实际运输服务的补充者之间创建了新的关系。因此，也难怪运输业各领域的参与者越来越重视在这一生态系统中的重要地位。越来越多的参与者不再满足于仅仅是一个补充者或硬件制造商，而是渴望成为中心连接者。戴姆勒、通用汽车和特斯拉等汽车生产公司，以及数字制图公司都有兴趣与行业和基础设施领域的大公司合作，反过来也是如此。同时，在自动驾驶汽车领域，苹果和Waymo（Alphabet旗下的子公司）都放弃了进军汽车制造领域的规划，转而希望成为生产自动驾驶汽车软件平台的第三方生产商（或与第三方合作）（Hern，2017a）。总之，我们看到一个日益一体化的城市交通生态系统正在出现，基础设施平台及其地图系统、身份管理和云服务功能都在发挥着重要作用。同时，就好像Alphabet-谷歌与优步、Waze和Waymo之间的关系那样，基础设施公司和互联型平台之间的相互依赖关系也在日益密切。为了理解这种相互依赖模式的结果，我们现在将转向分析底层平台机制在这个新兴生态系统中的作用。

4.3 数据化与城市交通公共和私人模式的融合

数据化机制在平台化信息传输中起着重要作用。通过数字技术，可用的汽车、司机、他们的位置、当前的交通状况和运输需求都可以转化为数据信息。反过来，这些需求和供应的数据显示可以通过运输平台的算法程序来匹配。同样的技术使得每次运输活动都能以分钟或千米记录下来。数据通信技术使得这些商品和服务相对容易商业化——使它们成为出租产品或市场上的按需服务，同时可以以微量单位计算（Demary，2015；Edelman & Geradin，2016；Rauch & Schleicher，2015）。因此，城市交通平台可以理解为需求和供应匹配的数据集。基于平台的活动可以降低交易成本，比如为自己的私家车寻找乘客或租客，并判断他们是否值得信赖。

这些平台数据来源于各类渠道，如前所述，基础设施平台通常会提供基本的地图数据，并且其他一些设施也会提供实时数据，比如城市在道路基础设施中安装的传感器，公交公司为其车队配备的传感器，互联网出行公司通过其应用程序跟踪驾驶员和客户，并能获取用户的众包数据。例如，像Waze之类的服务，就是通过用户提供当前有关路况的信息来奖励其用户（其中还包括关于建筑工地或交通警察所处地段等信息）（Shaheen et al.，2015）。消费者通过以评估形式提供的数据或通过其GPS导航设备或智能手机自动收集有关交通状况的信息，皆进一步为这些系统提供信息。此外，平台公司本身也会挖掘各种各样的数据，其中一些数据似乎与它们提供的服务没有直接关系。例如，优步使用乘客手机上的加速计来检测速度变化，从而显示交通流量和道路状况（比如是否有坑洼）（Tsay，Accuardi and Schaller，2016）。Calo和Rosenblat（2017）建议优步从司机那里收集信息，为其无人驾驶汽车项目的算法提供数据，“这可能意味着优步司机在不知不觉中提升了无人驾驶汽车的能力”。

数据化涉及所有的出行方式，包括公共的和私人的。如第2章所述，其结果是，公共和私人交通产品越来越多地通过相同的平台进行组织和访问，使它们成为同一生态系统的一部分，并促进了通约化过程。就所有权状况和所提供的服务类型而言，私人和公共交通形式之间的差别变得越来越难以辨别。例如，优步和Lyft已经开始提供越来越像公共交通服务的集体服务。优步拼车（UberPool）和Lyftline让同路乘客拼车并分摊车费（Jaffe，2015a）。在这项服务的新版本中，优步和Lyft都为乘客提供“接车建议”，为乘客提供附近道路的优化线路，使司机可以更有效地接到乘客。在旧金山，Lyft也试验在固定路线上运行穿梭车（shuttle），就像普通的公交服务一样（Constine，2015；Griswold，2017b）。

与此同时，公共交通公司也被整合到MaaS应用程序中，通过优步和Car2Go等公司提供的私人服务，还有普通公民提供的资源或服务，将它们合并成整体。一些公共交通公司已经开始与优步和Lyft合作，通过它们的应用程序访问该服务。在这些例子中，乘客可以乘坐优步往返于公交车站，即解决所谓的第一英里和最后一英里的难题。[6]一些地方政府已经开始将部分公共交通服务外包给优步。地方政府并不自己维护公交线路，而是通过优步平台补贴给乘客。

数据在所有这些平台的运行中起着至关重要的作用。很明显，这个生态系统的所有参与者都认为这些数据极具价值。正是这些数据的收集和分析使参与者能够运营其服务。然而，汇总的数据集不仅具有经济价值，还具有公共价值。为了运行一个高效的、集成的（公共）运输系统，公司共享它们的各种数据流是势在必行的。综合数据可用于优化整个MaaS系统，也可以为各国政府提供可用于进一步规划基础设施投资的必要信息。

在这方面，个体商业经营者与运作良好的综合运输系统的共同利益之间可能会产生潜在的冲突。到目前为止，私营网络运输公司并不十分愿意提供它们所收集的大部分数据。尽管这些数据的普遍使用是有助于创造公共价值的，但个别公司将数据所有权视为其竞争优势的关键，所以并不愿意提供。而这些公司拒绝开放数据的说辞是要保护客户的隐私。之前，优步不愿意与芝加哥、休斯敦和纽约等大城市的地方政府和运输机构共享数据。在监管机构试图组织访问优步数据集的过程中，有79%的情况是优步提供了比最初要求要少的数据（Tsay，Accuardi and Schaller，2016）。[7]

从交通数据中衍生的关于公共价值的争论逐渐激烈，地方政府与交通公司达成的交易也受到越来越多的批评（Badger，2014；Dungca，2015）。例如，当美国哥伦比亚特区将Lyft和优步等服务合法化时，其条件是它们必须注册为出租车公司。但是，为什么地方政府不要求这些公司公开一部分数据，以便外部各方检查它们的行为是否符合公共价值呢（Badger，2014）？同样，TransitCenter的一份报告称，公共交通管理机构往往没有意识到互联网出行公司可能收集了大量数据，而且管理机构并不好意思要求获得这些数据（Tsay，Accuardi and Schaller，2016）。

4.4 使城市交通商业化的三种方法

当我们研究新兴交通生态系统的所有权结构时，大多数公司所有者扮演着平台组织者的角色，基础设施平台也在确定标准和协议方面起到重要作用。现在，我们将深入研究这些公司通过其平台将运输服务商业化的各种方式：平台是根据什么逻辑将运输服务转化为经济商品的？在此过程中对公共价值是如何考虑的呢？首先，我们将以优步为例针对基于自由市场原则的平台进行探讨。其次，企业平台所有者并不是这个过程中唯一的参与者，民间团体组织已经建立了基于非市场同行生产（peer production）和平台合作主义等替代经济模式的平台。最后，我们将审视政府的作用以及政府从公共价值角度重新调整平台生态系统中的商业化机制的探索性行动。

4.4.1 市场

到目前为止，优步是最受关注的互联网出行公司，它是根据自由市场原则组织起来的。尽管该平台在这方面并不具有代表性，但它将作为我们讨论的切入点。作为一个网络平台，优步的基本运营模式相当简单，在这一点上，它的竞争对手Lyft也是如此。这些平台可以理解为是通过APP连接司机和乘客的多边市场。乘客通过APP请求搭车，登录的司机可以看到这些请求，并且可以选择接受或拒绝它们。根据优步公司的规定，离乘客预定点最近的司机将优先接收到请求。然后，GPS系统将向司机显示如何到达乘客的位置，并能提供一条到达请求目的地最有效的路线。乘客的支付过程也要通过APP进行，平台向乘客收取费用，然后向司机支付。值得注意的是，平台会扣留部分使用该平台的交易费用，该费用会根据一些变量以及时间的变化而变化，一般在收取乘客费用的25%~30%之间。

关于该平台上运输服务的动态定价问题，已经引起了广泛的讨论。平台上的定价是由优步设定的，可以根据一系列参数进行调整。这种现象被称为“峰时定价”，为了在需求上升时保证司机人手的供应。优步的算法会监测特定市场的需求和供给，当需求超过供给的一个阈值系数时，费率就会上升（Bria et al.，2015）。除此之外，定价可根据其他变量进行调整。2017年春天，优步开始在多个市场尝试“路线定价”策略。顾客在每次行程开始时都要支付固定的费用，而这项费用则是由机器学习算法计算得出的，该算法能够计算出在特定情况下，特定的人愿意为一次乘车支付多少钱。[8]这就意味着，同样的距离、同样的行程时间，如果从高收入社区或中心商业区出发，价格可能会更贵。

优步代表声称，即使是在天气不好或者周末晚上酒吧关门的时候，“峰时定价”都能够保证整个系统的充足供应和可靠性（Gurley，2014）。而基于路线的定价可以为低收入地区带来更实惠的价格（Griswold，2017a）。但是，这两种方式也引发了关于这一制度的公平性和可负担性的讨论。例如，优步的费率曾在悉尼市中心的人质事件以及纽约的暴风雪期间飙升。据《纽约时报》报道，当时的车费高达正常费率的8倍（Lowrey，2014）。此外，类似的讨论也出现在基于路线的定价中：将司机与支付不同费率的乘客配对的算法可能会导致购买力较弱的乘客等待时间延长（Brustein，2016）。

无论是峰时定价还是基于路线的定价，供需匹配都离不开定价，但目前尚不清楚它符合了谁的利益。例如，可以修改定价机制，增加平台所有者的净收益，实现单个司机的收益最大化，优化所有乘客的出行和等待时间，或者以其他群体为代价优化优质客户的出行。但由于此类定价方式缺乏透明度，无论是司机、乘客还是监管部门，都无从了解该系统的具体运作情况。因此，用户是否受到公平对待，普遍服务和包容性等公共价值能否真正实现，仍然是个未知数。

类似的讨论围绕着互联型平台与其所在行业的关系予以展开，尤其是平台运营商的（专业）责任。像优步这样的平台认为，它们提供的是一种新型的服务，因此它们与其所在行业的其他机构不同，包括传统上分配给该行业运营的专业人士、公司和机构的集体责任。优步业务的具体目的是规避、破坏或者干脆无视城市交通部门的现有监管，从而实现成本优化（Heimans & Timms，2014）。根据司法管辖区的不同，优步为规避诸如地理知识测试、商业车牌、特定车辆资质或其他由立法者和/或专业组织制定的服务于公共利益的法规，试图阻止其司机遵守常规的出租车法律（Edelman，2017）。例如，纽约的普通出租车司机会从每次载客行程中拿出30美分，捐给由纽约市出租车和豪华轿车委员会创建的出租车改善基金会，而这些资金将会用于补贴提供无障碍服务的出租车。到目前为止，优步一直在回避对其行程缴纳这样的费用（Jones，2016）。

鉴于这些问题，目前人们正在争论将城市交通这一公共产品的组织工作外包给平台是不是明智之举。美国一些已将交通外包给平台的城市遭到了很多批评，涉及一系列广泛的公共价值。虽然优步和Lyft确实为人们的出行带来很多便捷，但是到目前为止，它们的包容性不如传统的公共交通。乘客需要有智能手机和信用卡才能使用这项服务，而且也没有针对残疾乘客的标准规定。虽然优步和Lyft可以因地方补贴而提供优惠票价，但在大多数情况下，它们的服务仍比传统公交出行方式更贵。将城市交通的组织工作转移给互联网公司，也意味着地方政府正在利用通过这些平台组织起来的灵活劳动力来取代靠工资收入谋生的司机（Grabar，2016）。而向互联网出行公司运营的城市交通模式转变是否会提高该系统的效率，仍有待探讨。一些研究也指出了此类模式的不利问题。在纽约市，地铁乘客量在2016年有所下降，而自从引入共乘服务以来，根据市政府的数据，“去年曼哈顿中心地带车行的平均速度下降到每小时8.1英里左右，比2010年下降了约12%”（Fitzsimmons & Hu，2017）。在类似的推理中，主动运输联盟（Active Transport Alliance）预测，“将人们从高容量运输的公交系统中转移到网约车服务上是造成严重交通堵塞的原因”（Hertz，2017）。

最主要的是，将公共交通外包给企业平台公司可能会削弱传统公共交通供给的财政基础和民众支持，这意味着互联互通的实现可能会从总体目标来考虑。在底特律，一项价值46亿美元的公共交通系统投资在当地进行公投时被否决。争论的主要焦点之一是公交车和火车是“恐龙式一般的大众运输”在优步和Lyft盛行的时代已经过时了（Grabar，2016）。这表明，对私人服务的投资可能会以不对更具包容性和高质量的公共交通的投资为代价。由于互联型平台公司并不将自己视为城市交通部门的一部分，因此很难指望它们对基本的基础设施进行投资。从长远发展角度来看，这种对基础设施的漠视甚至可能会导致公共交通系统的消亡，让城市除了依靠私人组织的平台之外别无他选（Brustein，2016）。所以在某种层面上，优步这类平台的出现淘汰的可能不是出租车公司，而是我们所熟知的公共交通（Lindsay，2017）。而要做到这点，平台也是要付出代价的：优步和Lyft目前每一次载客都在亏损，它们基本上是用风险投资来补贴自己在市场上的地位。然而，总有一天，这些公司也需要盈利（Grabar，2016）。

事实上，通过市场力量实现平台化可能会形成更加个性化的交通系统。然而，这可能会导致整个系统的包容性、普遍服务和可负担性下降。此外，全球互联型公司有可能从地方资助的集体基础设施中获益，同时又将成本和集体责任转嫁给地方或国家政府（de Hollander et al.，2017），从而削减政府对公共交通基础设施的投资。

4.4.2 互联型平台和劳动组织

另一个围绕优步和公共价值的讨论是通过网络互联型平台组织劳动力的问题。优步提出的多边市场模式（在许多其他通过平台组织起来的行业中也很常见）背离了特定的自由主义关于劳动组织的观点。司机成为自营个体，优步提供了许多与数据相关的服务，帮助初入行的个人成为熟练的司机。例如，优步让司机找到乘客，并提供支付平台、评级系统和“预测信息”等服务，告知司机预计在一周内的哪个时段需求量最大。此外，优步还建立了一个合作伙伴网络，帮助司机成为创业者。司机可以通过优步的一个租赁合作公司租赁汽车，或者也可以临时驾驶优步合作公司的汽车。另外优步还通过另一个能够提供管理服务的合作公司，帮助司机完成官方要求的管理业务。[9]

Sundararajan（2016）认为，应将像优步这样的平台视为一种新型机构，这种机构能够在个人之间建立分散的市场关系，取代了大公司等传统的层次结构。按照这种观点，这种平台导致了创业精神的迸发，将公民个人变成了“小微创业者”。平台通过提供货币交易和信誉体系等一系列服务和基本基础设施，降低了交易成本和外部协调成本（在某些情况下，甚至可以为小微企业融资），也向大众证明了这一选择的合理性。在这一设想中，行业连接器可以被视为一种组织经济活动的新型混合机构。它们不是传统的公司机构，只是作为司机和乘客之间的连接器，而且与传统公司不同的是，它们给予了司机一定的自由度，由司机自己决定工作时间（Gorbis，2016；Sundararajan，2016）。正如我们在第2章中所解释的，我们可以将其理解为各种市场参与者聚集在一起的多边市场，平台提供如培训、融资和智能导航等附加服务，帮助个人创业者拓展业务。

自由市场意识形态的拥护者认为这是一种积极的趋势，是社会“走向数字化组织的必然高潮”，新技术为市场提供了组织经济活动更有效的方式（Sundararajan，2016）。根据这一观点，企业、客户和劳动者都能从中获利：公司不再需要留住员工，只需利用因需而供的员工，而无须担心最低工资或福利；用户获得了“消费者剩余”，只需按下手机上的一个按键，就可以获得更多、更优质的服务；而劳动者则可以摆脱有组织工作的限制，他们可以设定自己的时间表，进一步开发自己的创业技能。据称，这种劳动组织形式使经济更具弹性，同时消除了就业和失业之间的界限。

但是，这样的劳动组织模式可能会以公民的权利和福祉为代价。虽然优步宣称自己只是创业者的助推器，但实际上，优步等平台控制着它们组织的市场，因为它们拥有数据、编程算法并设定自己的平台页面。此外，正如我们所见，价格是由优步划定的，虽然优步平台上的司机可以自由安排自己的行程，但优步公司却因利用各类激励措施来迫使驾驶员继续工作的行为而遭到质疑（Van Doorn，2017a）。例如，当司机想要退出其在优步平台上的账户时，系统会通过提示进行干预，如“你离330美元的净收入只差10美元了，你确定要下线吗？”（Scheiber，2017）。像这样的提示都是基于行为经济学，优步不断尝试这些技术，让司机继续工作，并确保公司能够为其服务提供足够的供给。由于司机不是雇员，他们并不受此类政策的保护（Scheiber，2017）。同时，互联型平台则拥有更多灵活性的承诺，如司机可以自行选择是否响应呼叫。然而因为提供者不希望错过任何机会，这些做法似乎导致司机的工作量更大了（Glöss，McGregor and Brown，2016）。优步称这些提示为“建议”，对于司机来说，由于这些提示是控制市场的平台所有者提出的，所以不仅仅是一种建议和激励（Rosenblat & Stark，2016）。

此外，由于这类司机被归类为个体创业者，他们并不享有员工权利，也没有多少集体谈判权（Van Doorn，2017a）。此外，平台所有者也没有缴纳用于残疾人福利和养老金等社会保障服务管理的雇主税费，从而将向社会福利支付的责任转移给整个社会。批评者认为，如果让经济自由化和劳动力灵活化长期发展下去，就会带来这些不良后果（Van Doorn，2017a；Hill，2016）。现任巴塞罗那市首席技术官的研究员弗朗西丝卡·布里亚谈道“出行平台已经使劳动队伍的稳定性、劳动者的工作保障、社会保护和安全保障都受到了负面影响，如与医疗、养老、育儿等相关的福利”（Bria，2016）。最终导致这类创业者缺乏社会保障（Dillahunt，Arbor and Malone，2015；Scholz，2016；Schor，2014）。他们二十四小时待命，因为对他们而言，每一刻都是赚钱的机会。此外，这类平台还存在另一个问题——逃税问题，这进一步削弱了政府为社会服务提供资金的动力。有些人甚至认为这是一种新的封建主义，一个地主之外的新的统治阶级出现了，就是那些控制网络数据流的人（Bauwens & Kostakis，2016）。同样，由于许多互联型服务平台声称在特定行业以外运营，它们将该行业的所有责任留给了承包商或地方政府，并且将基础设施的维护费用以及社会福利的组织费用都转移给了承包商或地方政府。

4.4.3 社会行为体

为了应对商业互联型服务平台的崛起，出现了一些社会行为体，它们在非市场同行生产和平台合作等替代模式的基础上，组建了城市交通平台的替代平台，从而将交通运输商业化。替代平台希望将有关交通生态系统及其条件的权力转回到乘客和司机身上。数据化和商业化等机制仍然是这些替代平台的核心，但随着它们被部署到不同的商业模式和治理体系中，它们的表现方式也不同。如今社会的倡议有多种形式。在非市场的点对点系统中，经济活动发生在传统市场之外，通常由替代支付系统或加密货币支持。当地社区成员为了一个共同目标而展开合作，例如在传统市场之外提供运输服务。人们希望区块链技术能够提供一个去中心化的架构，用于公开核算对社区资源的贡献和消耗程度（Bollier，2016）。

La’Zooz可能是交通领域非市场化同行生产系统中讨论最多的例子。La’Zooz起源于以色列，虽然在撰写本文时还处于实验阶段，但其作为“优步的去中心化、加密替代方案”已受到不少媒体的关注（Schneider，2015）。La’Zooz是一项实时拼车服务，旨在更有效地利用现有城市基础设施，提供大众能够消费得起的交通工具，同时为城市的可持续发展做出贡献，并增强市民之间的社会联系。和优步一样，该服务旨在通过一款应用程序让司机和乘客配对。乘客会使用“Zooz”支付车费，Zooz是一种使用区块链技术加密的货币，既可以吸引其他乘客，也可以为系统的开发做出贡献。同时还可以通过向系统引入新用户来赚钱。底层的区块链架构允许对乘车进行去中心化的管理和经营。该系统由其开发团队开发和管理，其开发团队的成员可以决定纳入平台算法的价值类型。目前，该平台的目标不是“商业利润，而是分摊驾驶成本，体验司机和乘客之间社交匹配带来的乐趣”（La’Zooz，2015）。有人认为，这种模式与优步的不同之处在于，“该生态系统最终不会被一个以利润为导向的中心集团的目标所控制，而是由用户自己来控制”（McCluskey，2016）。

尽管La’Zooz在媒体和学术研究中备受关注，但它未来如何尚不得而知。La’Zooz在一个点对点（P2P）网络社区中进行了一场开发应用程序的众筹活动，在最初受到了热烈欢迎后，该活动以失败告终，目前还没有看到该社区对该平台的积极接纳态度（Rosenberg，2016）。La’Zooz应用程序在本章撰写时仍然可以下载，但是，只有当社区中的司机数量达到最低限度时，拼车功能才会被解锁，因此这一功能目前尚未实现。事实上，该服务仍未投入使用，这也说明了真正实现去中心化的替代方案是多么困难。基于共享的大众生产（commons-based peer production）是有前途的，但最终也摆脱不了参与者需要维持生计的命运。那么，如何以一种可以在公有制本身之外进行生产的方式公平地奖励贡献者呢？（Benkler，2016）

平台合作主义可以被视为公民倡议的第二个例子。平台合作主义所针对的不是市场之外的组织活动，而是让服务生产者（在这里指的是司机）控制系统。这一设想是建立在工业时代合作社的历史基础上，当时某些地区的经济生产或住房等社会产品的组织都是通过平等管理、以会员为基础的机构来管理的。合作社的目标不是为实现特定的企业主群体利润最大化，而是为其成员保障集体价值和公共价值，并在成员之间分享所生产的价值。在合作化平台中，司机将成为平台的主人，并共同管理平台机制。到目前为止，交通领域的一些举措就是基于这些原则。密歇根州的People's Ride是一家小型交通合作社，2016年为15名司机提供了工作。在纽瓦克，TransUnion汽车服务以非营利的方式运作。所有的司机都是该工会的成员，而该工会则尽力保障他们的工作条件和工资（Scholz，2016）。在丹佛，大约800名司机在美国通信工人“7777地方工会”的帮助下，自发组织起来，成立了一个由工人阶级所有的平等管理合作组织，名为“绿色出租车合作社”（Stearn，2016）。该公司目前称“我们的车费停留在科罗拉多州的经济水平，为工薪家庭提供生活费”，并推出了自己的应用程序（Green Taxi Cooperative，2017）。尽管这些例子可能令人震惊，但到目前为止，平台合作主义只出现在公民和劳动者能够管理自己平台的地方举措中。事实证明，开发出用户友好且可扩展的平台是相对困难的，同时，为其发展寻找融资也存在不小的难度。在美国，现行的监管制度在一定程度上阻碍了合作平台的发展。首先，从反竞争法（曾经旨在保护自由市场）规定的角度来看，合作社制定价格或行业行为标准是非法的（Scholz，

2016)。这就使得地方合作社的成员难以为标准进行集体谈判，同时也使其规模更难扩大或难以组织成能够在区域市场和社区之间共享标准的联盟。正如Scholz和Schneider（2016）所说的，推动平台合作主义不仅仅要设计正确的技术，还需要制定特定形式的金融、法律和政策（Taylor，2016)。总而言之，这些实验表明，从理论上讲，可以以团结、共同所有和公平劳动等公共价值作为原则来组织城市交通，但在实践中，当前的监管和融资结构使得这种特殊的商业化衔接难以实现。事实上，合作主义固有的分散化逻辑与平台生态系统的主导网络效应驱动逻辑背道而驰，后者的治理越来越集中于其核心的基础设施和互联型平台。

4.4.4 地方政府

地方政府是推动城市交通平台商业化的第三个重要角色。地方政府通常拥有和管理部分基础设施的权力，包括道路、停车场和公交车站等，并控制基础设施在特殊情况下的使用，如公交专用道或拼车专用道。虽然政府不是企业家，但它们可以通过各种税收优惠、征税政策、补贴方式来组织被认为具有公共价值而市场本身不会提供的活动，以引导、阻止或促进特定行为（Rauch & Schleicher，2015)。

而平台社会则为政府提供了新的机会，政府可以通过干预平台生态系统中的运行机制来管理市场，维护公共价值。目前巴西圣保罗市正在审查的一项法律提案就是这方面的一个例子。该项法律提案提议城市管理部门对城市交通的平台化进行综合治理，重新调整商业化机制，促进公共价值融入城市交通系统中。在这项法律提案中，所有的交通网络服务运营商都必须向当地政府购买“信用额度”才能使用城市的基础设施。这些信用额度将以“现驾现付”的模式进行拍卖：互联网出行服务商每行驶一英里，乘客就必须购买一个交通信用额度。供应商行驶的里程数越多，需要购买的信用额度就越多。

从公共价值的角度来看，该项法律提案的有趣之处在于，这些信用额度本身可以以动态方式定价。例如，在传统公共交通服务不足的地区，信用额度可能会更便宜。同样，为刺激供应商为残疾人这一特殊客户群体服务，用于残疾人交通的信用额度也可以以较低的价格提供。除此之外，该系统还可用于促进特定的劳动力市场政策。提案草案将15%的信用额度留给女性司机使用（Darido，2016）。我们在这里看到的不是运输本身的商业化，而是如何将公共价值融入商业化的平台机制中。通过其常规的程序，地方政府可以实现公共价值（如鼓励劳动力为所有城区提供平等的交通服务），并根据互联网出行平台的实施情况来实施税收抵免。我们的目标是从公共价值观的角度最大程度地提高交通系统的效率，而不是仅仅从利润的角度出发。[10]

地方政府也可将其基础设施融入平台机制中。在大多数情况下，道路、停车位、公共汽车站和合用车道等基础设施归政府或公共交通部门拥有，它们可以允许或拒绝平台使用这些基础设施。城市管理部门可以根据经济价值或使用这些设施对公共价值的贡献情况，通过动态定价系统来对基础设施进行财政投资。例如，在许多城市，政府将停车位提供给实施汽车共享服务的平台。同样，地方政府可以与互联网出行公司谈判，讨论如何将基础设施或许可证的使用与确保司机的工资、用户对平台的治理或增加弱势群体就业机会等条件挂钩（Rauch & Schleicher，2015）。通过这些措施，各国政府可以开发新的工具来激发积极的正外部效应（例如减少交通拥堵），同时抑制消极的负外部效应。最后，地方政府还可以提供或补贴那些市场无法或不愿维持公共价值的服务。例如，赫尔辛基市曾进行过一项Kutsuplus实验，Kutsuplus是一种由可以灵活安排时间的货车组成的微型运输服务。乘客通过应用程序预订乘车，然后由平台对不同乘客的出行需求进行整合形成共享出行轨迹。这项服务是将赫尔辛基的部分地区变成无车区这一愿景中的一部分。然而遗憾的是，由于政府发现每次乘客出行共都需要补贴17欧元，最终取消了该项实验（van Wijk，2016）。

Kutsuplus实验的失败并不代表此类服务不可行（Morozov，2016），事实上，2015年的乘车数量已经增加了59%，而支付这些费用所需的补贴却在下降。公共部门服务提供者所面临的一个主要问题是，他们无法像有风险资本支持的初创企业那样获得融资。据商业媒体报道，像优步这样的公司在2016年上半年也亏损超过10亿美元（Newcomer，2016），然而，优步仍然有充足的资金来扩大市场份额，在不同的国家建立客户群，游说从地方到超国家层面的监管机构，并在其服务条款被当地监管机构质疑时支付相关的法律费用和罚款。公共服务创新并不具备这样的财力（Morozov，2013）。除此之外，初创企业可以灵活地瞄准利基市场，挑战现有的法律法规，而公共服务初创企业在这方面的回旋余地较小，因为它们必须遵守现行的安排，比如在劳动政策或普遍准入方面，这使得它们在一个不平等的竞争环境中进行创新的灵活性降低（Tsay，Accuardi and Schaller，2016）。但是，Kutsuplus的例子也确实表明，将交通平台建立在公共价值上是有希望的，比如减少排放和提高城市的宜居性。

以上所有的例子都表明，地方政府有更多的选择，而不是允许或不允许某一特定平台的运营。相反，它们可以重新调整平台机制，使之有利于公共价值并服务于社区利益。地方政府可以提供有利于公共价值的服务，然后将其纳入MaaS平台（如Kutsuplus），也可以向满足特定条件的互联网出行公司提供公共基础设施的使用权，或者为平台生态系统建立某种“插件”，即给予对公共价值有特定贡献的平台税收优惠或奖励，如圣保罗的例子。

4.5 声誉系统和城市交通管理

不可否认，在城市交通市场中，政府应在多大程度上介入调整商业化机制，维护公共价值，是一个极具争议性的话题。反对政府干预的一种观点是，政府可以将调控留给市场，因为新的选择机制已经以声誉制度的形式出现，这将使公民有能力做出更明智的决策。现在我们将仔细研究这些声誉制度中的选择机制。

在城市交通平台以及整个平台社会的兴起中出现的核心问题之一是信任组织形式的转变。信任机制一直是组织经济和社会交易的关键。综观历史，从紧密的文化群体和行会制度中的个人声誉，到全球性的品牌声誉，再到政府设定的标准和市场监督等法律安排，都出现了各种信任机制模式。由平台形成的声誉制度是一种新的工具，按照其支持者的说法，它既可以影响个人之间的信任，也可以保障整个系统的质量和可信度。例如，那些鲁莽、歧视客户或不提供基本服务的司机，据说会因为客户的负面评价而被系统淘汰。

许多支持者指出，这些声誉制度作为平台生态系统中的信任建立机制，具有积极的启示作用。从这个角度来看，声誉制度颠覆了提供者和客户之间信息不对称的状态，提高了公民的地位（Koopman，Mitchell and Thierer，2015）。这类系统的支持者声称，这类系统不仅在促进交易方面非常有用，而且可以作为对各种经济领域的监管的一种新方式（Strahilevitz，2012；Sundararajan，2014，2016）。O'Reilly（2013）甚至认为这是"算法监管"的新机遇，即由开放数据驱动的系统将对运输等领域的交易进行监督。

为了进一步证实这些说法，现在我们将更仔细地研究优步这种声誉制度的运作方式。优步允许乘客和司机在每次完成乘车出行后按照1到5星的标准对司机进行打分。在优步应用程序的帮助栏中，优步表示，除非在出行途中出现了问题，大多数乘客给出的都是5星评分，这意味着优步认为所有低于5星的评分都是有问题的。乘客和司机都无法看到他们收到的个人评分，他们只能看到自己的平均评分等级。在许多城市，司机会在接受乘客的出行订单时看到乘客的声誉评分和他们的乘车要求，而乘客只有在司机接受了他们的出行要求后才能看到司机的分数。理论上，司机和乘客可以在他们的选择过程中使用这些信息，但他们无法系统地比较对方。

此外，司机接受或拒绝乘车请求的时间很短，这也限制了他们考虑乘客声誉的能力。

总的来说，优步的声誉制度似乎是一种规范机制，促使司机和乘客做出特定的行为。例如，优步在网站上为乘客提供了如何优化声誉评分的提示。司机既会收到一些有关他们理想驾驶行为的信息，也会收到关于他们上周平均得分的信息，以及与其他司机相比，他们的得分是高于还是低于平均水平的信息。评分低于某一等级的司机将被禁止使用该系统。优步一般将4.65的评分作为一个门槛，虽然这个门槛可能因城市和时间而不同（Rosenblat & Stark，2016；Scholz，2016）。而评分较低的用户会被暂时“封禁”或永久禁止使用该系统。[11]

在城市交通组织中这些声誉制度究竟在多大程度上能够确立公共价值？虽然它们确实有助于实现将私家车出租给陌生人所需的相互信任，但批评者也指出了一些需要解决的问题。第一个问题涉及声誉制度中所收集数据的真实性。通常，平台中关于司机的评价都是非常友善的。例如，Tom Slee（2015）在分析Blablacar上近20万条评价时发现，98%的评价都是5星（最高级别）。声誉制度的兴起导致服务提供者和客户为了成功参与平台社会而依赖于对方的评价，而高于标准的评价可能显著增加了这个人吸引新业务或在未来交易中成为有价值的客户的机会。优步的问题在于，其声誉制度完全不透明，其声誉评分的标准掌握在其所有者手中，司机没有办法对自己的得分进行独立评估。

与此相关的第二个问题是，声誉制度在一定程度上可以作为交易质量的指标，但它们并不适合管理负外部性，而且对于用户无法评估的方面，它们也不能保护用户。例如，乘客通常无法评价刹车的质量。如果刹车功能在正常情况下没有问题，那么声誉制度中也不会显示它们在紧急情况下发生的故障（Edelman & Geradin，2016）。同样，如果爱彼迎（Airbnb）的租户制造噪声，并对社区环境造成额外压力，这种困扰很可能不会出现在用户的评价中，因为他们不是受到平台交易影响的那些人。综观目前大多数声誉制度的设置，似乎都是在平台的单个层面上衡量客户对某项服务的满意度，却没有或很少考虑到集体和公民的因素。

因此，互联型平台的责任不仅应以个别用户的评分为依据，而且应以提供互联网出行公司实际综合行为指标的其他手段为依据。与其依赖内部声誉制度，不如公布有关实际使用某一系统的其他各种数据集，这样可以有助于使网络运输公司负起责任。例如，通过该平台整合的实际出行的汇总数据，可以发现互联网出行公司是否在结构上对各个地理区域的服务存在不足。

这种形式的责任制可以通过各种程序来组织。有些数据可能已经公开，可供现有监管机构使用。政府可能会出台规定，强制运输公司公布部分数据，让政府内的传统执法机构或特殊利益集团和公民社区来监督。网络运输公司也可以不公布所有数据，但必须对其数据集进行分析。地方政府可以根据公共价值制定标准，让互联网出行公司提供经审计的合规记录，类似于在证券交易所交易的美国公司必须向证券交易委员会提交年度审计报告的方式。[12]

在平台社会的中观和宏观层面上，使用声誉制度作为确立公共价值的手段也会引发治理问题。这些制度应该由哪一方来组织？如何让这些制度透明化？谁来负责？目前，大多数声誉制度都与单个平台挂钩，且不可转让。在过去的几年里，许多公司一直在尝试建立跨平台的身份和声誉管理方案。Traity和eRated21等公司提供在线“通行证”服务，允许用户将自己的声誉评分从一个平台转移到另一个平台（van de Glind & Sprang, 2015；Sundararajan，2016）。在生态系统层面，脸书和谷歌等市场参与者也扮演了此类角色。许多城市交通平台利用其识别系统允许用户登录，在平台上展示社交媒体资料可以起到建立相互信任的作用。在网站的后端，也就是用户看不到的地方，像Acxiom和Intellius这样的公司已经开始将在线资料和来自政府的数据结合起来，将这些数据卖给各类服务提供商，无论他们是否与脸书等公司合作。脸书这类公司管理着全球2.25亿到5亿的用户资料（Bria et al.，2015）。然而，问题是，用户通常对数据产生的方法或适用于其解释的标准知之甚少。到目前为止，这些声誉制度极不透明，缺乏任何形式的问责制。

未来，声誉制度可能与身份识别计划和数据资料更紧密地交织在一起，因此缺少问责制可能会引发更大的麻烦。谷歌和脸书等公司很有可能发展成为平台社会的标准识别系统。这样的核心地位也可被这些公司用于进行跨平台的数据分析。例如，对一个人在脸书上的言论的分析可以用来估计一个人的危险行为倾向，反过来又可能会影响一个人的可信度或获得其他平台服务的资格。在这些情况下，声誉不仅是一种评分，还是一种对可能使潜在用户取得资格或取消资格的实际行为的分析方法，就城市交通而言，这些潜在用户是值得信赖的司机或乘客。

与此同时，这种新兴的声誉制度也带来了隐私和收集来的数据所有权方面的问题。例如，谁拥有这些数据？谁可以访问这些数据？迄今为止，用户只能依靠空洞而不透明的服务协议条款，在平台所有者和用户之间的合同中对这些方面进行规范。针对该问题展开的一个重要讨论是，用户访问自己的声誉数据，并将其转移到另一个平台的权力有多大？为了避免被平台锁定，如果司机可以将自己的声誉数据从一个平台转移另一个平台，或者可以由一个独立的平台来处理，这将是一个不错的主意。另外，如果用户因为自己的声誉问题与平台提供者发生冲突，可能会导致其被多个平台排斥。如果一个人的声誉确实成为进入平台主导型劳动力市场的核心资产，那么管理声誉的机构就会成为平台社会中强大的甚至是核心的行为者。从公共价值的角度来看，这种透明度并不是我们所期待的。

4.6 结论

平台化正在成为城市交通基于数据收集和处理而形成的新的组织方

式，它带来了一个高质量、包容、实惠、全面和易于使用的城市交通系统。它可以丰富市民在一个综合系统中安排交通出行方式的选择性，降低复杂性。当然，平台化也存在一些问题，即平台社会的城市交通由谁来管理？基于何种价值观？市场化平台承诺，其至少可以部分进行自我监管。例如，它们声称声誉制度可以淘汰低素质的司机。然而，我们看到，尽管这类制度确实可以加快陌生人之间的互动，但它们并不太适合成为控制公共交通质量的公共价值，如无障碍性、普遍服务、包容性和可负担性。此外，一个由若干主要参与企业拥有数据并控制接口和算法的系统需要更多的制衡。目前大多数行业平台的算法在定价和连接供求方面缺乏透明度。而实际上，目前没有任何程序可以对这些平台进行问责。因此，为使这些平台适应公共价值观，还需出台额外的监管措施。

针对此，地方和国家政府有许多工具可以用来填补这一空白。首先，我们可以要求服务提供者公开其总体水平的数据，以便市场监管者和公民监督机构能够审查其与公共价值相关的表现。此外，地方政府可以调整自己的综合平台管理方式。正如我们在巴西圣保罗市灵活定价的税收抵免的例子中所看到的那样，政府可以开发“插件”形式的模块或标准，平台所有者必须将这些模块或标准融入其平台中。这样做能够使政府引导平台实现为大众设定的公共目标。

此外，针对劳动力问题也可以制定一个类似的方法。我们已经看到，平台化可能导致一个新劳动者阶级的崛起，虽然他们几乎没有什么权利，也不能要求享受国家的福利待遇。优步等平台坚持认为它们的司机并不是它们的员工，但实际上他们也不是传统意义上的创业者，因为平台所有者对此类司机和他们的工作条件有很大的控制权。作为进入当地基础设施的交换条件，政府可以强制执行城市交通专业人员的薪酬标准，包括那些服务于互联型平台的人员。或者，政府可以在生态系统中引入新的税收模式和社会服务规定，以满足这一新类别的“独立承包者”的需求。

政府应该一如既往地继续投资公共基础设施，并补贴或刺激当地替代方案的开发，为当地司机和乘客提供更多的权利。由于目前通过风险投资进行创新的金融组织正在推动能够迅速扩大规模的平台的发展，因此为当地司机和乘客提供更多的权利就显得尤为重要。基础设施平台和许多大型行业平台的全球化意味着，专注于本地价值生产的替代平台很难获得融资。同样，传统的公共交通公司也没有资源来吸引开发数据化服务所需的技术人才，这使得公共交通公司无论是在战略规划上，还是在个性化出行轨迹的管理上，都越来越依赖大平台运营商提供的数据服务（Tsay, Accuardi and Schaller, 2016）。因此，交通数据的管理及其在公共价值创造中的使用可能会被互联网基础设施公司和互联型平台公司所控制。

最后，必须将互补者、连接者和基础设施平台视为其所在行业的一部分。正如我们前面所提及的，优步这类平台基本上是将自己置身于其所处的行业之外。虽然这使得它们能够更经济高效地运营，但也意味着这类公司不会为维护公共价值（如质量、可及性、全面性和劳动者权利）做出贡献。在任何一个社会中，政府规制、市场监督、劳动者集体谈判协议，以及为确保残疾人无障碍设施而做出的规定等，都是以行业安排为基础的。正如我们所看到的，平台化往往会破坏这些安排，将城市交通的管理和治理转移到互联型和基础设施平台上，而这一转变会进一步将公共和私人交通混为一谈，并重新设定了公共和私人之间的伙伴关系，并且这种发展并不只限于一直以来以市场为基础的部门。正如我们将在关于卫生和教育的下两章中所看到的那样，迄今为止，在公共领域所属的主要行业中也出现了类似的问题。

注释

1.尤其是它的优步POP服务，这是一种数字平台服务，允许私家车车主以司机的身份为其他市民提供服务。现有的出租车运营商认为这种服务是不公平竞争的一种形式，因为这些私人司机是不需要遵守官方规定的。截至2016年底，优步的一些服务在荷兰、法国、德国、意大利、西班牙和比利时等国已被禁止或限制（Robinson，2016；Sundararajan，2016）。其他互联网约车公司也被提起了类似的诉讼。例如，马德里地方当局就对BlaBlaCar公司处以罚款（该公司是一家拼车服务公司，为个体司机和前往同一目的地的乘客提供服务）（Scott，2016）。

2. 这些平台的兴起经常在协作消费（Botsman & Rogers，2010a）或共享经济（Van de Glind & Van Sprang，2015）的框架中被讨论。“共享经济”一词被用得如此广泛，所以Frenken和Schor（2017）提出了对不同类型的区分。他们保留了“共享经济”这个术语，指的是“消费者可能为了钱，暂时允许对方使用未被充分利用的实物资产或闲置能力”。在交通方面，这将包括汽车和乘车共享服务，如BlaBlaCar或SnappCar。这与通过Lyft和优步等平台约车服务不同，因为这需要使用额外的资源（Frenken & Schor，2017）。后者通常被称为“零工经济”。当监管机构不得不决定某项特定的交通服务是否应该被归类为商业服务，或者更确切地说，归类为公民相互帮助的一种非正式做法时，这种区分可能会对它们很有用。

3. 正如多位学者所指出的那样，这些平台的崛起可能会导致从“拥有”向“获取”的转变，交通将成为一种公民可以按需获取的“服务”，而不是与管理私家车所有权联系在一起（Dillahunt，Arbor and Malone，2015；OCU Ediciones SA，2013；Ranchordas，2015；Rifkin，2014；Schor & Fitzmaurice，2015；Stokes et al.，2014）。最后，当然，有人需要拥有汽车并管理车队，这可能解释了为什么最近汽车制造商和租车公司对建立这些基于互联网的平台产生了兴趣。

4.比这些应用程序更先进的一个实例目前正在赫尔辛基试行。在那里，用户可以通过一款应用程序访问汽车共享、公共交通和出租车系统，包括综合支付系统。在维也纳和汉诺威也有类似的服务（International Association of Public Transport，2017）。

5.正如多家媒体报道的那样，在2015年初，由于优步苹果违反了苹果公司服务的条款，苹果差点决定从其应用商店中删除优步（Isaac，

2017b)。

6. 例如，达拉斯和亚特兰大的公共交通供应商允许用户直接通过他们自己的应用程序，在去往公交车站的第一英里或最后一英里处预订优步出租车（Jaffe，2015b）。在洛杉矶和明尼阿波利斯，公共交通公司为那些需要灵活时间的用户提供优步服务，如工作到很晚导致无法乘坐火车的用户（Jaffe，2015a）。相反，在一些市场，优步为那些接近目的地的乘客提供公共交通信息（Levy，2017）。类似地，为公共交通公司开发技术服务的Transloc公司已经与优步达成协议，将在其实时出行计划应用中提供该服务（Sommerville，2017）。

7. 该公司确实与波士顿市达成了自愿协议，但该举措并不大成功，因为提供给城市管理者的数据类型并不利于进行分析。例如，数据是按照邮政编码的层次进行聚合的，结果证明，这种聚合的粒度不够细，不足以让当地的运输公司了解其运营网络（Tsay，Accuardi and Schaller，2016）。

8. Calo和Rosenblat（2017）描述了平台如何利用数据进行所谓的“顾客画像”。数据分析可以揭示消费者的个人认知和偏好，这些可以用来采取一些手段（比如通过调整信息和网页界面设计）促进消费者消费更多。例如，优步发现，当乘客的手机电量不足时，他们愿意支付更多的车费。该公司表示，目前没有在定价计划中使用这些信息，但作者警告说：“他们监控电池寿命的行为引发了大众对优步可访问的信息以及该公司定价标准的质疑。”

9. Sundararajan认为，这些平台的兴起可以被理解为传统企业“去中介化”的深度发展。自工业革命以来，很多大型公司出现了，它们的任务越来越多，从制造到研究和管理都在一个统一的层次结构中。Sundararajan认为这一趋势正在逆转，因为现在许多任务都可以通过数字平台外包。不仅简单的任务可以外包给像Mechanical Turk这样的市场，更复杂的智力工作，比如撰写咨询报告，也可以分成不同的子任务，由自由职业者完成，再由平台协调（Sundararajan，2016）。

10. 类似地，在美国，各种公共运输机构也开始补贴跨国公司的运输。佛罗里达州圣彼得堡地区的交通管理局在特定的地区和特定的时间给予乘客最高3美元的折扣。在佛罗里达州的阿尔塔蒙特泉市，该市为优步乘客提供八折车费优惠。当乘客在通勤火车站下车或上车时，这个比例会上升到25%（Tsay，Accuardi and Schaller，2016）。GPS技术可以为特定地点的乘客提供补贴。事实上，该系统的监管是为了鼓励人们使用公共交通，而不是放弃它。

11. Lyft也使用了类似的系统。其他交通应用程序，比如Blablacar，向用户提供了更多司机和乘客的信息，这样他们就可以在个人选择过程中更多元化地使用评级和评论。荷兰汽车共享网站SnappCar也在使用个人评论和社交媒体资料。

12. 关于交通移动、交通状况和道路状况的数据也可能具有超出其基本功能的公共价值。这些数据可以长期地为城市规划者和政治家的基础设施投资（如深入了解哪些道路需要维护）提供决策支持。比如当地的公民技术团体或美国博客FiveThirtyEight等在线数据新闻机构就可以通过“开放数据”的形式邀请各方展开辩论或者发表意见。

第5章 医疗保健和健康研究

5.1 引言

2016年2月，英国国民健康服务（NHS）旗下的皇家自由（Royal Free）医院宣布将与谷歌旗下的DeepMind公司合作，开发所谓的“Stream”应用程序，这是一款“临床警报应用”程序，可以协助医院人员监测肾病患者的病情（Hodson，2016）。通过分析患者实时信息，谷歌可以帮助医生进行临床诊断和预测，如果患者处于早期疾病阶段。该应用程序依赖大数据流以确保预测尽可能准确。由于DeepMind没有单独的肾病患者数据集，所以与谷歌的协议中含有获得NHS医院160万名患者所有数据的权限；这些数据包括5年内所有病人的当前和历史信息，包括堕胎、服药过量、艾滋病毒感染状况和病理记录的敏感细节（Cabral-Isabedra，2016）。根据双方的说法，NHS医院和谷歌医院之间的协议不仅对病人个人有利，而且对整个健康研究和医疗保健都有益处。

不出所料，谷歌的DeepMind和NHS医院之间的合作引发了许多争议，主要是数据隐私、保密性和透明度。2017年7月，英国隐私监督机构“国家数据卫报”根据《数据保护法》得出结论，谷歌和NHS之间的数据共享协议没有适当的法律依据。合作关系也引发了关于数据使用透明度的问题：谷歌DeepMind能否保证患者数据不会被用于其他目的（Stevens，2017）？除了这些重要的观点之外，由于公共部门历来都在为公共利益做贡献，该协议还引发了对数据保护和知识访问权的更深层的担忧。在协议的前5年，Alphabet-谷歌可以免费获得属于公共健康信托的数据，作为回报，它提供数据分析软件，并象征性地收取了费用，当然，在初始阶段过后可能会上涨。开发Stream应用程序将是DeepMind在广阔的人工智能产品领域迈出的第一步，相对于其他开发者，这份独占合同或给谷歌带来了不公平的先发优势。不仅是数据，知识也同样被私有化了。正如一些人想知道的那样，未来谁将"拥有"宝贵的分析性知识：它会是私人物品还是公共物品（Hodson，2016）？

卫生健康部门与城市交通、新闻和酒店部门一样，目前正在进行平台化。从个人健身到病人、医生和研究人员使用的健康疾病平台（Lupton，2014a；West et al.，2012），一个新兴的在线平台领域已经出现。与健康相关的全球产业平台，正与生态系统的基础设施核心堆叠交织在一起；开发中的卫生健康平台是一个有利可图的且数据丰富的有潜力的领域，主流运营商也都热衷投资于此。[1]除了五巨头，还有由专业的创业公司、营利或非营利组织，非政府组织和公共行为者运营的卫生健康平台。或许最值得注意的是，在这个领域有越来越多的公私联盟——卫生健康部门长期资金不足，需要资源来进行昂贵的技术和药物创新。

通过对卫生健康平台的研究，我们在它们如何盈利的讨论中发现了一种特殊的双刃剑逻辑。一方面，它们为客户提供数据驱动的个性化服务；另一方面，据它们称服务于医学研究的首要公共利益，其结果会使每个人受益。在前面的章节中，我们使用数据化、商业化和选择机制作为分析的视角，这里我们将仔细研究三个独立的、相当具有代表性的卫生健康平台：23andMe、PatientsLikeMe和Parkinson mPower。这些平台中的每一个都采用了个人利益为公共利益服务的逻辑，尽管它们在不同的组织前提下运作。对特定的卫生健康平台的深入了解有助于我们反思这场辩论中相互冲突的公共价值观：对隐私的重视与个性化医疗带来的益处之间的对抗，企业所有者对数据的私有化，与公共研究对健康数据和知识的可获得性之间的较量。

正如谷歌-NHS之间的协议所表明的那样，企业、个人和公共利益之间的界限在这个领域陷入了巨大的争议中。因此，阐明以下问题非常重要：谁拥有用户生成的健康数据、谁从中受益、谁控制数据流，平台如何管理卫生健康部门、政府如何管制卫生健康平台？在线医疗服务目前在全国不同监管体制的灰色地带蓬勃发展。监管往往与国家政府有关，监管机构通常关注个性化医疗应用程序的准确性和安全性，但很少关注更广泛的公共价值，如医疗服务私有化和所有研究人员是否都能获取医疗数据的权限（Hamel et al.，2014；Yetisen et al.，2014）。在最后一节中，我们将讨论为什么反思健康数据市场对未来研究伦理和社会影响是重要的。

5.2 健康应用程序是平台生态系统的一部分

我们已经看到了在线服务市场占有率的惊人增长，提供这些多种目的的服务，有望促进用户的身心健康（Lupton & Jutel，2015；Coiera，2013）。一方面，健身应用程序主要用于追踪个人的运动表现和身体状况，如Fitbit、Strava和Runkeeper。另一方面，我们发现有用于自我诊断、症状监测以及疾病的预防和治疗、帮助患者应对疾病的医疗应用程序（如23andMe、Doctor diagnosis、WebMD、Virtual Doctor）。所谓体验交流平台，既是患者的社交网络，又是研发数据的交流平台，这之间的界限是不明确的；例如PatientsLikeMe、CureTogether、Health Unlock和Alliance Health（Lupton 2014b）。健康监测平台帮助个人追踪生命体征、与健康相关的行为或疾病的症状：例如减肥（Lose It）、睡眠周期（Sleep Diary）、孕期管理（What to Expect）、糖尿病患者的血糖水平（Glucosio，glucose Buddy）或帕金森症状（Parkinson mPower）等应用程序。这种分类既不唯一也不详尽，但它代表了目前在网络上可了解的平台的广泛类型及灰色地带的典型平台。

大多数卫生健康平台运营的目的是从用户那里收集和汇聚各种健康信息（Adibi，2015）。[2]但是，是什么促使用户愿意贡献他们的数据呢？平台又基于什么理由征集用户的个人信息呢？为了让个人愿意分享他们的数据，他们会被说服去相信在这个交易中涉及个人和/或集体利益；公民一般不信任政府和企业对其健康数据的管理。[3]在许多平台中，我们看到了一种双重逻辑，即追求个人和公共的双重利益。旨在收集个人数据的健康应用程序，通常承诺为现有的医疗问题提供个性化解决方案——更健康的生活方式、快速诊断、适当的监控设备、快速更新、有益的同伴支持等。然而，与此同时，它们经常声称，患者数据有助于更大的公共利益，如改善公共健康，教育大众，或有助于医学研究。尤其是在涉及医学研究时，人们往往不清楚谁是真正的受益者：是患者个人、科技公司及其股东、“大型制药公司”、研究人员，还是社会本身？私人利益和公共利益的双重承诺，往往是如何组织一个数据驱动的平台社会中更广泛的斗争。所有行动者都平等地为共同利益做出贡献，每个人都平等地从中受益，这一前提得到了一系列强有力的论证的支持，这些论证使人们对于社会是如何运作的有了常识性了解（Kitchin，2014）。

平台操作员利用这种双重逻辑让用户参与健康数据的生成。无论是健康、健壮的人，还是患病虚弱的人，都贡献了健康数据，这些数据可以被自动汇总、分析和处理，以便为各种服务提供信息。这些数据对科技公司来说极其宝贵，尤其是五巨头科技公司，它们运营着处于生态系统中心的基础设施平台。[4]硬件设备、操作系统和内置软件已经越来越多地用于自动数据收集。苹果手机现在都配备了传感器，可以进行个性化的健康监测，比如心跳、步数和距离测量。安卓系统同样提供了监测功能。绝大多数应用都是通过各自的应用商店发布的：苹果的应用商店和谷歌游戏商店（Research2Guidance，2017）。五巨头高科技公司都开发了特定行业的平台，帮助收集、存储和分析大量的健康数据。2014年，苹果推出了ResearchKit，这是几个“非营利子公司”中的第一个，让研究人员能够通过苹果手机自动收集数据，以便进行大规模的实证研究。谷歌运营谷歌基因组云服务（Google Genomics Cloud service），允许对大量基因组数据进行聚合和分析。它在这一领域的直接竞争对手是亚马逊网络服务公司（Amazon Web Services），该公司为公共和私人客户提供存储和分析服务。谷歌和苹果也通过各自的应用谷歌Fit和CareKit瞄准消费市场，这两款应用可以通过腕带、手机和其他智能设备收集个人数据（Roof，2016）。微软，则通过MS Azure（一个基因组数据存储设施）和Health Vault（一个促进私人健康数据存储中心，完美地通过自己的硬件（Microsoft Band）和设备收集数据）提供竞争性服务。

换句话说，生态系统中的五巨头都在其基础设施核心平台上开发了自己的一套健康数据管理工具；它们建立存储库，提供集成服务，相比公立和私立医院能处理的数据量，它们能收集和管理更多的健康数据。因此，高科技公司和健康研究人员之间的合作不可避免地不断增加，就像谷歌DeepMind和NHS之间的合作，并将后者转变为互补平台。正如第1章中所解释的，基础设施和部门平台、关联者和互补者并不是固定的，而是随时间变化扮演着不同的角色。在美国，Alphabet的子公司Verily（原名谷歌生命科学公司）已经与斯坦福大学和杜克大学医学中心合作，执行大规模基线研究，这是一项旨在绘制健康人体图谱的医学和基因组学研究（Sharon，2016）。同样，学术研究人员越来越多地使用各巨头公司平台的设备、软件和分析方法来处理患者的健康数据，如下面的例子所示。换句话说，卫生健康机构通过五巨头拥有和运营的互联型平台进入了这个生态系统。

在下面的部分中，我们将重点关注三个特定的健康应用程序，并展示作为更大的生态系统的一部分，它们是如何发挥作用的。23andMe作为一款医疗应用程序，是以营利为目的平台；PatientsLikeMe是一个“不仅仅为了营利”的患者体验交流平台；Parkinson mPower是一款健康监测应用程序，旨在为研究人员提供非营利性的数据服务。如前几章所述，数据化、商业化和选择机制是探索信息如何转化为价值的引子。分析这一动态的重要性在于，确定卫生健康研究作为一种公共利益的前景如何得以阐明。具体来说，卫生健康平台促进了哪些关键价值？它们如何证明使用个人数据进行研究是合理的？在健康数据共享方面，它们如何将个人利益和公共利益、企业利益和集体利益相结合？

5.3 基因组信息服务：23andMe

2006年，平台23andMe始于一个个人基因组服务提供商，向全球客户提供其DNA档案记录；10年后，该平台成为世界上最大的基因组数据中心之一，收集了超过3.2亿个表型数据点（23andMe，2016a）。数据可以通过线下和线上收集。线下的方法是从23andMe订购一份“基因档案服务包”，然后放一些唾液进去；在支付99~199美元的费用后，顾客就能得到他们基因构成的完整概览，包括一份风险报告，来说明他们罹患遗传病的条件和概率。除了基因数据的线下商业交易外，公司还通过在线弹出式问卷的方式联系客户提交表型数据。据称，这些额外的数据有助于汇编一份更准确的个人健康状况档案。从一开始，23andMe就希望将其产品推广为医学诊断测试，而数据据称是医学研究的副产品。

2013年，美国食品和药物管理局（FDA）禁止了23andMe的检测试剂盒，因为它们根据误导性的预测算法向消费者提供了不准确的信息。由于这一挫折，该平台放弃了医疗部分，并将其重点从诊断转向了血统鉴定。在受到FDA的干扰后，23andMe在谷歌游戏商店推出了一款“基因组指南针应用”，让它的客户能够“从DNA了解你和你的家庭”。尽管有了新的分类，该平台的网站仍暗示其潜在目标是提供个性化医学预测。2014年，在略微改变了措辞之后，该公司寻求并获得了英国卫生当局的批准，辩称该试剂盒不是作为诊断测试工具销售的，而是作为“信息产品”销售的。在英国，23andMe将测试套件发送给居住在英国和世界其他50个国家的客户（23andMe，2015b）。由于没有全球性的标准指导来辅助审查产品声明，因此每个公司都可以寻找一个其监管政策允许的地区或国家，将其作为医疗应用程序发布的市场（Yetisen et al. 2014，838）。2015年，FDA批准了23andMe针对几种特定疾病的检测试剂盒，从而该公司在美国重新推出了其产品的改良版，目前已获得FDA的批准。[5]

有趣的是，23andMe从客户那里收集数据有两个原因交织在一起的背景：一是承诺用户将会收到个性化的基因档案，二是要求用户承诺捐赠其基因型和表型数据，以助力基因研究，造福大众。在网站上，我们可以读到，通过发送DNA样本，“你不仅可以了解自己，还能加入一个充满活力的个体社区，你们可以共同影响科学研究和对人类根本性的了解”（23andMe 2015a）。因此，23andMe通过“一个充满活力的个体社区”来迎合用户对团结和集体的需求——这一术语意味着活跃的患者或用户群体参与了这项工作。尽管23andMe试图收购活跃的在线患者平台，但该公司对患者社群的兴趣有所下降，而对将患者分类作为有价值数据的传播者的兴趣有所上升。正如Harris、Wyatt和Kelly（2013）所指出的，23andMe的比喻“从个性化医疗保健的概念，顺利转换成作为一种‘礼物交换式的’消费者参与研究的‘派对’”。

然而，这种礼物交换实际上是一种数据交换，将个体的表型数据转化为经济价值。一旦购买了DNA试剂盒，所有客户将被督促同意将自己的基因数据用于研究目的，因为这是出于利他主义和公共利益的考虑：

> 为了让科学家和研究人员加速医疗保健的研究，他们需要从我们这里获取大量的数据……您参与研究可能有助于疾病预防、更好的药物治疗、

疾病治疗以及最终从基因方面治愈疾病。一旦您购买了工具包，您可以选择加入这项研究革命。(23andMe Research，2016b，补充强调)

用户被称为“研究革命”的“参与者”，而这场革命的目标是找到治疗和预防许多疾病的方法。我们从简报中了解到，超过80%的客户选择参与研究（23andMe 2016a)。“研究”和“研究人员”等术语是不合规的，好像所有的研究员都可以无差别地获得数据。23andMe让用户签署了服务条款，其中规定由公司决定将客户的基因数据分享给哪个第三方(23andMe，2016c)。

早在2012年5月，当23andMe获得“与帕金森病相关的多态性”专利时，23andMe把其数据资源私有化的想法就已经很明显了，这在其客户中引发了争议（Sterckx，2013)。患者表示，这家公司将他们捐赠的“数据礼物”套现了，把自己的数据捐赠给一家公司，他们觉得“被骗了”。2015年1月，制药公司基因泰克（Genentech）向23andMe支付了6 000万美元，以获取其3 000名帕金森病患者的DNA档案（Regalado，2015)。没过多久，大型制药公司和医疗产品开发商就开始为23andMe融资。该公司的投资者设想，在未来，健康数据库的组合将成为获得专利的药物和治疗的主要资源。当23andMe宣布将进入药物研发领域时，其所有者指出，在面对“大型制药公司”的激烈竞争时，其庞大的“研究参与者”数据库将是最大的资产。

23andMe在构建用户生成基因组数据库方面的成功，离不开互联型平台组成的更大生态系统，纵横交错的平台可以实现全球扩张。为单一的健康应用寻找最有利可图的收入模式的策略，很大程度上取决于它能否成功地融入生态系统（Ragaglia & Roma，2015)。尽管有监管阻碍，23andMe的基因检测试剂盒和ancestry应用程序已通过谷歌的游戏商店在全球范围内发布。选择谷歌并非巧合：Alphabet-谷歌通过其子公司谷歌Ventures完成了对23andMe的大部分投资，成为第一个也是最大的金融投资者。但该平台并不局限在谷歌已铺平的道路上。2016年，23andMe还推出了Apple

ResearchKit模块，帮助研究人员将基因信息无缝集成到基于应用程序的研究中。基于这些研究，开发者将为哮喘患者和心脏病患者搭建平台。23andMe与西奈山哮喘健康公司（Mount Sinai Asthma Health）和斯坦福医药公司（Stanford Medicine）的MyHeartCounts应用程序构建了一个“合作框架”，遵循知情同意程序，客户可以通过这些平台直接上传自己的基因信息。23andMe在全球拥有超过100万个客户，其中80%同意参与研究，23andMe将其数据库作为研究人员的金矿。数据并不是免费的，但是研究人员“将有一种简单、低成本的方法将基因数据纳入他们的研究”（23andMe，2016a）。虽然没有具体说明“低成本”指的是什么，但很明显，不属于这个私人计划的研究人员将不得不为用户捐赠的数据付费。

作为一个行业平台，23andMe已逐渐发展成为一家与平台生态系统基础设施核心紧密交织的全球基因数据公司。通过硬件设备、云服务和互锁的软件系统，关键的数据库正在逐步私有化，尽管它们承诺将利用病人信息作为一种“礼物”，实现集体的目标。“集体主义”的理念是，患者被要求为更大的研究利益捐赠他们的数据，是对联通性的投入，这类公司将患者的数据转化为可交易的商品，因此患者的这一行为帮助了像23andMe这样的公司积累了价值，正如Ajana（2017，9）所指出的，共享数据“越来越被视为一种‘公共产品’，一种不仅对个人而且对整个社会都有潜在益处的资产”。在这样的背景下，团结几乎成为数据共享和信息提供的同义词。Ajana认为，这种“数据慈善”有一个讽刺意味的转折：尽管患者希望为更大的利益贡献自己的数据，但科技公司最终可能会在很大程度上私有化公共资源。在本章的后面，我们将在看了几个其他的平台示例之后，再回到这个模棱两可的问题上。

5.4 患者体验交流APP：PatientsLikeMe

在提供个性化医疗解决方案的同时，增进公共利益的双赢局面也在PatientsLikeMe（PLM）网站上得到了印证。PLM是一个患者体验交流网站，鼓励患者通过上传他们的症状、生命体征、药物摄入数据和主观感受，如疼痛感受级别，情绪波动、情绪影响和副作用，来追踪他们的身体状况。通过该网站，用户可以保存图表详细的报告，并带着它们去看医生。患者个人疾病的数据以表格和诊断描述的形式形成。个人用户通过各种界面被提示捐赠信息。该网站部署所谓的“患者报告结果测量”，以量化和标准化患者的体验。这些关于症状、生命体征、治疗和效果的自我报告数据有助于找到个性化的治疗方法。例如，系统地筛查抑郁症的迹象，帮助“患者捕捉到就诊后的疼痛趋势”，或帮助他们“在手术方案之间做出选择”（PatientsLikeMe，2018b）。PLM对经常更新信息的会员给予“星级”奖励；获得三颗星意味着你将免费获得一件印有PLM标志的T恤。

PLM不仅用于编写个性化的健康报告，还用于交换信息和建议，以及寻求其他患者的支持。该网站专注于创建社区：患有相同疾病的个人可以通过比较症状、病情进程和其他患者的治疗效果来理解他们的数据。他们可以互相求助，并为疾病中心患有相同疾病的人提供支持。PLM激发了患者之间的团结感，诱使他们共享数据；该界面根据疾病类别组织用户，从糖尿病到癌症，从肌萎缩侧索硬化症（ALS）到抑郁症。当PLM谈到“社区”时，是指患者支持功能，在这里，患者可以交换关于自己疾病的信息，以获得同伴的支持（Lupton，2014b）。虽然PLM可以为患有同一疾病的患者提供个人授权，但该平台原则上不像激进的患者团体那样提供集体授权（Wentzera & Bygholm，2013；Vicari & Cappai，2016）。正如Deborah Lupton（2014a）在她的研究中发现的那样，虽然许多健康平台声称为社区服务，但“很少有平台真正秉承着新公共卫生的精神，为更广泛的社会变革或积极的公共政策服务”。

作为公共利益积累的公共价值，该网站对健康优化的贡献体现在宣称PLM数据提供了一种新的研究范式。通过该平台生成的所有个人数据，与已知的医疗数据在特定情况下相结合，输入汇总数据集，研究人员可用于寻找任何一种疾病的有效治疗方法。根据其主页，PatientsLikeMe（2018b）收集了超过60万名成员2 800种疾病的患者报告数据，其中包含4 300万个疾病数据点；通过分析它们并与研究人员和公司分享研究结果，以此来加速开发更有效的治疗方法。PLM的“开放”哲学充分利用了这样一种理念，即共享病人记录的测量结果可以带来潜在的治疗和治愈方法：“我们不是为了科学而科学。我们的目标是让尽可能多的数据对研究人员和您开放。”（PatientsLikeMe 2018b）自我报告的数据为“循证医学”提供了基础，从而产生了个性化的医疗保健和治疗形式。

病人驱动健康研究的想法，即利用病人自我报告的数据进行临床试验，已经获得了支持。该网站称，PLM收集的数据被用于100多个“发表的研究”。2010年，PLM第一次让它的患者用户测试意大利研究员提出的科学假设，即碳酸锂可能会减缓肌萎缩侧索硬化症的症状。大约160名患者用户获得了药物，并开始使用经PLM验证过的评分量表，自我追踪记录身体状况。在不到9个月的时间里，首批患者的服药效果驳斥了意大利科学家最初提出的主张，并在后来被三个传统的临床试验证实。研究结果发表在一篇开放存取的学术论文上，并配有数据集和统计分析内容（Wicks et al.，2011）。PLM主管Paul Wicks表示，由患者主导产生的实证数据，证明这种新型“公众科学”一方面可以成为一种观察性研究，另一方面可以对大规模纵向临床研究进行补充。

不出意料的是，一些医学研究人员对PLM的准确性声明做出了批判性的回应：一个收集用户数据的健康平台所推动的结果能多有效？批评者认为，像PLM这样的网站从根本上违背了医学研究的协议，通过允许一组自我选择的患者自行使用药物或治疗，在没有适当协议保证双盲测试或对照组的情况下自我报告结果（Gorski，2012）。尽管像Wicks这样的支持者称赞研究的速度和患者直接参与研究的质量，但像Gorski这样的批评者警告说，这种由患者驱动的实验，依赖大量的主观数据，是对科学和患者都无益的非科学实验。他认为，对自我报告数据客观化的信念不应分散对原有可靠的科学范式的关注，比如双盲测试；这种类型的健康研究的一个副作用可能是，它把科学证据的责任交给了病人，或者，如下面解释的，交由使用这些数据的公司来承担。这种争论的本质其实是两种范式的互相竞争：一种强调患者作为医学研究的共同塑造者的力量，另一种强调用平台架构的力量来操纵数据收集过程和篡改研究记录（Wicks，Vaughan，and Heywood，2014；Tempini，2015）。

那么，这种研究范式是如何与PLM的商业模式和治理策略相吻合的呢？从其主页上看，PLM是一家抱持着“不仅仅为了营利”的态度，以营利为目的的公司（PatientsLikeMe，2018c）。这种描述留下了一个灰色的解释区域。该平台在视频中宣传自己是以患者为中心的网站；显然，它并没有像23andMe的个人基因组试剂盒那样的产品可供销售。PLM不允许在其网站上投放广告。不过，该平台所销售的是“研究服务”，这意味着它们向第三方销售聚集的、匿名的数据。PLM明确表示，它将向支持该平台的80多个合作伙伴提供用户的健康数据，这些合作伙伴在其网站上被一一列出，其中包括世界领先的制药公司、医疗设备制造商和研究机构（PatientsLikeMe，2018a）。而对于如何销售数据以及与合作伙伴签订怎样的合同PLM并没有详细描述。值得赞扬的是，该网站明确提醒用户保护隐私。例如，个人数据可能会被“制定了排除既往病症的条款的医疗和人寿保险公司”商业化，或者被那些可能拒绝雇用“患有高成本或高风险疾病的人”的雇主商业化。“大多数PLM用户不会读这些细化的条款；但与包括23andMe在内的许多网站不同的是，PLM不会把这些信息塞入小字服务条款中——没有人会阅读的，且未经用户同意就可以修改的协议。[6]

为了符合“不为利润”的态度和形象，PLM必须在患者的信任和盈利意图之间小心行事（Sillence，Hardy，and Briggs，2013）。该网站“为你、为他人、为慈善捐赠你的数据”（DataforGood 2018）的邀请，支持了Ajana（2017）提出的“数据慈善”主张：鼓励平台用户捐赠个人健康数据，为公共利益服务。一方面，PLM标榜自己是开放数据的支持者。该平台开发了一个名为“开放研究交流”的在线工具，该工具允许对患者报告的测量结果、测量症状和影响的问卷进行原型设计、测试和验证。但另一方面，PLM中的“开放数据”并不意味着任何人都可以免费使用；你必须成为“合作伙伴”才能获得患者捐赠的数据。

PLM强调了其“不仅仅为了盈利”的主张，并解释了其商业目标是将数据转化为经济价值；在“盈利”之前的限定性词“不仅仅”指的是其作为患者体验论坛的功能及其对健康研究的支持。与23andMe不同的是，PLM将社区定义为患者群体，他们交流病情，即使他们并不围绕集体利益团结在一起。事实上，PLM促进用户积极参与研究的方式与营利平台23andMe略有不同。用户被同时定位为消费者、病人、公民和合作伙伴；这个融合了经验交流、数据交换和研究交流的平台被包装在一个不完全以营利为目的的商业模式中。在我们讨论这种模棱两可的含义之前，让我们先看一个做出类似承诺的非营利平台。

5.5 监测APP Parkinson mPower

在我们的样本分析中，第三个平台通过一个名为Parkinson mPower（PmP）的健康监测应用程序来收集患者数据。由几个大学和研究所代表的传统研究机构执行的、更广泛的研究项目的一部分——PmP是“以患者为中心，对帕金森病症的变化进行研究的一个苹果手机应用程序”，帮助实时监测患者的症状（Parkinson mPower，2015）。这些测量指标包括在服药前后的颤抖、平衡、记忆力和步态。通过使用苹果的ResearchKit，研究人员可以通过参与者的苹果手机上的“轻松填”调查来收集数据。该研究还收集了患者自己报告的其他数据，包括通过可穿戴设备进行的自动化身体测量，以及通过在线调查或指定任务进行的评估。与PLM不同的是，PmP没有对个体患者使用奖励激励因素，比如游戏化元素或T恤。PmP要求用户提供全名和电子邮件地址，以确保其在与真实的人打交道；它使用了数字版的同意书。该网站随后从其数据中隐去用户的身份；它为潜在的数据泄露发出了提醒，保护了用户的隐私。

显然，该平台的主要关注点是收集研究数据，这些数据最终将帮助所有患有这种疾病的人。正如PmP的网站所述：“无论你是帕金森病患者，与帕金森病患者或曾经患有帕金森病的患者接触过，还是你想要帮助他们，我们都邀请你参与这项研究。成为研究伙伴！”（Parkinson mPower 2015）。和PLM一样，在这项在线临床研究中，患者用户首先被当作“研究伙伴”。根据其首席研究员的说法，进行这些研究的原因是“看看我们是否能将轶事转化为信号，并通过产生的信号找到干预的窗口”（Business Wire，2015）。科学家们迫切需要有关帕金森病症的各种精确实时信息，以加深他们对疾病表型的了解。研究数据作为一个医学研究框架的一部分，在PmP以结构化的方式被聚集起来，基于研究主题“与其与患者一起探究疾病，不如将应用程序作为一个桥梁”，研究人员事先并不准确地知道什么样的数据会被收集上来（Business Wire，2015）。PmP的数据收集不同于PLM，因为它的研究人员预先定义了标准化测试的参数。该平台既不承诺帮助患者个体，也不为患者提供支持，更没有促进互动。从用户生成的数据中了解到的信息随后会以“仪表盘”的形式反馈给患者，让患者追踪自己的疾病进展。

PmP不加选择地收集所有帕金森患者的数据声明，意味着无差别地收集数据；然而，这项研究的选择机制仍然通过几种不同的方式在偷偷地进行。正如PmP的一位主要研究人员指出的那样，在一项基于应用程序的研究中有20 000名参与者，可以产生比大多数只有500名参与者的临床试验更具体的信息（Business Wire，2015）。相比于每隔几个月就从患者那里收集数据，苹果手机可以持续地、自动地实时收集数据。这可能部分地排除了在自我报告数据中涉及的选择性偏差。然而，另一种选择性偏差可能会因使用苹果手机而悄然出现。荷兰健康研究员Tamer Sharon（2016）警告说，“苹果手机用户趋向于年轻化，其受教育程度和富裕程度，均高于使用安卓设备的绝大多数一般群体和智能手机的用户”，这样“ResearchKit的受众将偏向一类特定的群体，可能和它试图研究的患病群体完全不同”。Sharon指出，平台普遍意识到其服务的缺陷，因为它们的客户绝大多数是白人、富人和受过教育的人。医院和研究机构等传统机构受到各种伦理规则的约束，这些规则可以反映出研究方案的质量水平。PLM和PmP等平台通过依赖大量应用生成的患者数据，公然“颠覆”了基于患者的学术研究范式。关键不在于范式本身的改变，而在于对数据来源和收集的控制。由于自我选择、知情同意导致的数据输入的选择性偏差，以及由于数字过滤器和设备导致的数据偏差，只是传统范式下对数据的信度和效度有要求的背景下产生的诸多问题中的一部分。

另一个需要进一步审视的机制是商业化，尤其是PmP的非营利商业模式如何与其数据治理和协作模式相匹配的问题。PmP是一个联盟的成员，该联盟包括来自罗切斯特大学和加州大学旧金山分校的医学研究人员，这两所大学都是植根于私人和公共卫生部门的传统机构。该联盟由Sage Bionetworks领导，Sage Bionetworks是一家“成立于2009年的非营利生物医学研究组织，其愿景是通过建立一种基于社区的方式来进行科学探究和发现，从而促进个性化医疗的创新”；Sage Bionetworks更宏大的愿景是“激活患者，激励科学家、资助者和研究人员以全新的方式工作，以推动研究、加速获取知识和改善人类健康”（Business Wire，2015）。作为一个非营利组织，Sage非常热衷于将隐私、安全性和准确性等公共价值放在首位。因此，PmP应用程序的运行总是伴随着知情同意书。患者在本研究中提供的所有数据将被加密并存储在一个安全的云服务器上，Sage或其他任何人都无权出售、出租患者的联系信息（Parkinson mPower 2015）。出于监管的目的，研究的有效性和组织实施根据法律要求，由美国人类研究保护办公室审查。

虽然PmP已然优先考虑隐私、安全性和准确性等公共价值，但从长远来看，其结果如何有利于公共利益的问题却被人们忽视了。PmP网站对这些研究的结果、谁可以获得其积累的数据以及谁会从其获得的知识中受益一事只字不提。PmP和Sage Bionetworks都是非营利性的，但它们的合作伙伴和资助者包括商业团体，对患者数据所拥有的巨大的经济利益感兴趣。因此，当使用者被称为实验中的“合作者”或“参与者”时，PmP的“合作伙伴”就模糊地指制药公司和公共研究机构。使用这些模糊的术语模糊了一个事实，即公司、个人和公共机构在个性化健康数据流方面有着明显不同的利益。一些人认为，PmP应用程序中宝贵的个人数据流的获得和使用对消费者来说是完全不透明的（Nosowitz，2015）。出于同样的原因，为了免费使用这种公共品，一些个人、企业和利益群体蓄意勾结，企图使数据收集和共享行为合法化，并粉饰背后隐藏的企业利益。我们同意Ajana（2017，10）的结论，即赠予性数据、数据所有权和数据的商业使用三者之间的关系给研究者和决策者带来了严峻的挑战。

5.6　平台治理：透明度与有效性

上述三个健康平台中蕴含的双刃剑逻辑——既为医疗问题提供个人解决方案，又有助于健康研究的公共利益——集中体现了一个更广泛的议题，即如何组织一个数据驱动的平台经济。首先，私人利益和公共利益的双重承诺并不是什么新鲜事：制药和医疗行业几十年来一直在宣称这一点。营利性组织、非营利性组织和公共组织之间的合并也不是什么新鲜事：在过去的30年里，我们目睹了公共卫生日益私有化，部分原因是医院、大学和工业界之间不断深入的合作。这个时代的新事物是通过平台自动收集个人数据，常常绕过传统的机构过滤器，并将其吸收到一个复杂的生态系统中。在这个生态系统中，企业所有者控制着数据集，他们对这些数据集稍加改动就可以无休止地使用这些数据集，并将其与其他数据集结合起来。显然，非营利平台，如PmP，不能独立于一般生态系统的数据化、商业化和选择机制，它们被卷入了这个更大的“技术创新集合体”（Banning，2015）之中。

在这个生态系统中，尽管有来自其他互联型平台的竞争，但五巨头无疑是最强大的，因为它们控制着基础设施的核心以及越来越多的特定领域的应用。正如我们在上一个例子中看到的，苹果公司提供了必要的硬件（带有内置测量功能的苹果手机）、存储（HealthKit）和软件发布（App Store）功能，健康应用程序可以在这些硬件之上构建和运行。HealthKit与ResearchKit无缝合作，后者是一个“开放的”非营利平台，为研究人员使用的健康数据提供免费存储空间。尽管后者是开放的，但苹果的数据流是专有的——一个“封闭的”集成闭环，创造了路径依赖和水平集成。五巨头的每一家运营商都可以使其健康数据流与其他相关数据流——比如行为信息、购买商品数据或搜索数据——互动操作。例如，糖尿病患者会被监测他们购买的食物、每天行走的步数、搜索行为、移动模式等。在大数据经济中，整合数据流的潜力是大型科技公司的特权，它们可以驾驭数据流，从而决定自己的“开放程度”。显然，苹果和谷歌都不是对寻找疾病治疗方法感兴趣的健康公司，而是对提供更好的设备并提高分析能力感兴趣的科技公司，这些设备和分析能力也可以应用于其他行业（比如消费者零售市场或保险行业）。

科技公司和数据经纪人日益强大的力量对健康研究和医疗保健的未来产生了重大影响，引发了各种道德和伦理问题。这些公司会保护病人的隐私，对数据流保持透明吗？它们也许会允许医院和大学等公共机构访问它们的在线健康数据存储库并利用它们的数据分析能力，但能让这些公共机构进行独立研究吗？平台化作为一种公共产品如何有益于大众的健康？这些相互竞争的道德机制必须在短期和长期两方面加以权衡。

在隐私和透明度方面，我们看到卫生部门的平台所有者与交通和新闻部门的平台所有者做出了类似的反应。平台运营商最初辩称，它们是个体患者（受试者和互补者）之间的中立经纪人，与优步将自己定位为客户和小微创业者之间的中间人很相似。就像脸书的News Feed没有对过滤假新闻负责一样，苹果也不愿执行涉及医学研究的专业标准——不仅是准确性和隐私标准，还有患者数据的透明度。例如，ResearchKit的使用条款要求用户通过该平台进行的研究必须事先获得独立伦理审查委员会的批准；在这样做的时候，公司基本上把遵守道德准则的责任外包给了用户（研究人员和研究机构）（Sharon，2016）。由专业人员和独立研究团体控制专业标准，而不是由公司作为对健康数据使用的道德判断的仲裁者，这一点非常值得赞扬。然而，更大的问题是，由于一个平台的专有算法和内置功能实际上是禁止外人检查的，透明度是否可能存在？

即使有最好的隐私法规，即使谷歌、苹果和其他公司对它们的数据处理完全透明，在以下两种人之间仍存在一个越来越明显的差异——一些人可以访问、控制数据流，另一些人则没有办法获取、分析和重组数据流（Andrejevic，2014）。当公司宣称它们只想帮助研究人员开发针对疾病的疗法并找到合适的疗法时，这种信息不对称就变得更具相关性了。在开发复杂的分析工具方面，来自大学和医院的研究人员的权力比主要平台所有者和数据公司的权力小得多；而且他们根本无法将健康数据与其他个性化信息结合起来。医院和大学正变得越来越依赖于与企业参与者的合作关系，这不仅是因为后者拥有执行基于数据和算法驱动的研究所需的专业知识，还因为它们有资金来资助此类大规模研究。在用于研究和卫生的公共资金稳步下降的经济环境下，与科技公司合作是必要的，而不仅仅是一种选择。

的确，隐私、透明度和准确性可能已经成为这次讨论的中心问题，以至于它们往往会使其他重要问题黯然失色。例如，谁将能够访问健康数据以及谁将为未来的研究制定议程。我们是否希望科技公司像制药公司控制研究哪些药物一样，成为健康研究中强有力的参与者？而且，重要的是，谁来为未来这些研究的结果定价，并从这些研究的结果中获得经济利润？在数字化对健康研究和医疗保健的破坏中，阐明相互竞争的道德准则是很重要的（Boltanski & Thenevenot，2006）。我们得到了什么，失去了什么？这表明我们可能获得更有效的医疗保健或更好的治疗，但我们应该权衡独立研究的潜在损失，以及公开获取关键知识和控制平台化测量技术的能力。每一个建议都对共同利益提出了不同的概念，因此，我们需要研究平台的治理，看看政府和社会组织如何帮助抵消权力不对称的问题，创造真正的“开放数据”和“开放科学”的实践。

5.7 健康平台的治理：如何保持数据开放?

公民通常通过观察政府的做法来平衡相互冲突的公共价值观，这是因为政府的监管权力被用来保护公民权利和公共利益。近年来，政府监管机构将重点放在医疗安全和健康应用程序的安全上，这是可以理解的，然而对这些应用程序的测试需要付出巨大努力，而且政府在此方面总是效率低下（Hamel et al.，2014；Yetisen et al.，2014；Treacy，McCaffery，and Finnegan，2015；Powell，Landsman，and Bates，2014）。显然，地方和国家的立法者几乎跟不上卫生健康平台发展和扩张的步伐，这些平台往往在全球范围内运作；随着应用商店中成千上万的应用程序不断更新，监管手段似乎越来越过时（West et al.，2012）。因此，监管机构试图将更多的精力放在界定允许开发商在市场上运营的条件上。这一观点导致各国监管机构将重点转移到让开发商了解与移动医疗相关的法规上。2016年4月，美国卫生和公众服务部（Department of Health and Human Services）与其他机构合作，制定了一份《移动健康应用程序开发者的新指南》——该指南“在鼓励创新的同时”保护了消费者的利益，如数据安全、隐私和准确性。这份指引本质上是一种自我监管工具；[7]它帮助应用程序开发者厘清哪些法律适用于哪些类型的应用程序。但是，它并不能强制开发人员遵守法律要求。尽管指导意见确实解决了公民担忧的一些更广泛的问题，如反歧视法，但它的主要焦点是个人消费者权利。

在欧洲，可以预见的是，最近实施跨国立法的努力更多地集中在隐私和数据保护等问题上。自2014年中期以来，欧盟一直在审批《欧盟移动健康应用程序管理框架》多个版本的草案。虽然该法例消除了个人消费者对私隐和数据获取的担忧，但并未触及上一节所概述的更广泛的数据控制的影响方面。的确，这是一个复杂的问题，因为它涉及一系列权利：个人控制自己数据的权利；公司收集、汇总和挖掘数据的权利；将数据追溯到数据主体的权利——这些只是几个例子。在大数据流迅速崛起的全球市场中，在权衡社会价值和经济价值时，对健康数据“所有权”的这种深刻思考非常重要。就健康研究而言，目前的监管框架仍无法处理与健康数据收集商业化相关的基本问题（Seife，2013）。正如本章引言中的谷歌-DeepMind案例以及前面章节中的三个健康平台所说明的那样，大学和医院越来越依赖于这些平台与公司数据代理人的伙伴关系。新的数据基础结构在本质上限制了自动获取和聚合数据的访问权限；对于未来的研究人员来说，这将成为一个紧迫的问题，需要政府成为开放的健康数据流的积极保护者（Ruppert et al.，2015）。

保持健康数据的可访问性、开放性、可交互操作和可重复利用是执行独立公共研究的关键。因此，各国政府不断呼吁在卫生部门实行“开放数据”和“开放科学”。美国和欧洲各国政府已经在卫生部门启动了它们自己的“开放数据”方案，值得注意的是，它们在处理这一问题上的意识形态差异。美国政府认为，“开放数据”基本等同于拥有从公共数据集中创造经济价值的自由。通过健康数据方案，美国政府旨在向科研机构、健康社区和行业创新者提供更大量的公共数据集（HealthData.gov，2017）。它鼓励私人公司将开放的健康数据货币化，开发新的专利产品。健康数据方案的目标是使来自大量政府部门的越来越多的数据便于公众和全国各地的创新者访问和获取。[8]这些信息包括临床护理提供者质量信息、全国卫生服务提供者目录、最新医学和科学知识数据库、消费产品数据、社区卫生绩效信息、政府支出数据等。

欧洲的类似机构也肩负着同样的开放使命，但该项目被它们自己的意识形态原则所约束：公开数据被认为有助于让公民获得负担得起的服务，比如医疗或教育。在2016年的秋天，欧盟委员会推进了共同努力建立欧洲科学云来支持基于FAIR原则的基础设施生态系统的发展——FAIR意味着数据应该是可发现、可访问、可交互操作、可重复利用的（欧洲科学开放云，2017）。建立和管理这样的程序应能为公共机构工作的研究人员提供存储、管理、控制和反复利用公共数据集的功能。FAIR原则只是价值驱动设计的技术基础；除了这些原则，开放欧洲科学云还应该平衡个性化医疗保健和隐私保护需求（Auffray et al.，2016）。

然而，真正的公共研究需要对“开放”有一个共享的、互惠的界定，即在推进个性化医疗的同时，将独立研究作为一种公共品保留下来——这是一种监督和平衡的体系，并保持对平等性控制的开放（Martin & Begany，2017）。在卫生健康平台达到这种平衡之前，还需要多年的谈判（Cheng-Kai & Liebovitz，2017）。和欧洲研究界一样，这显示了公开数据采集的普遍紧迫性，同时，人们也强烈意识到，信息和通信技术的基础设施由推动人工智能和深度学习相融合的美国公司控制。最初关于英国的国家健康系统（NHS）和谷歌的DeepMind合作关系的争议，证明了这是一种令人不安的联盟。为了消除公众的担忧，该联盟设立了一个独立的审查小组，以批判性地评估这种合作可能造成的所有危害，包括数据垄断（DeepMind HealthIndependent Review Panel 2017）。NHS- DeepMind是一个很好的例子，说明欧洲公私合作伙伴关系是如何在政府、企业和民间社会组织之间开创谨慎的三角关系，以适应社会对公共价值的关注。

上一段最后提到了民间团体，目前的确有几个民间团体积极保护健康数据，试图将其作为一项公共品。开放知识基金会（Open Knowledge Foundation）等团体呼吁“开放数据”（“任何人可以自由使用、修改和出于任何目的共享”的数据）（Open Knowledge Foundation，2018）。还有一些专门从事卫生健康数据的集体组织的例子；一家名为MiData的瑞士合作社成立于2015年，它为用户提供了一个平台，用户可以向平台上传他们通过移动设备收集的医疗和健身数据（MiData 2018）。MiData希望基于透明、开放和隐私等公共价值观，通过建立自己的数据处理和存储生态系统，为商业数据经纪人提供一个替代选择；它还计划包括一个由数据伦理委员会执行的审查系统。该合作社正处于发展的早期阶段；即使该平台成功地扩展到瑞士以外，它仍然依赖于支持移动健康数据收集和发布的专有技术环境。

正如平台被全球化的生态系统管理一样，卫生健康平台的未来管理也必须在超国家环境的背景下进行设想。在这种环境中，公共价值观和公共品的复杂性权衡决定着国家和地方的政策原则。“最终，医疗政策制定者在国际层面上需要开发一个共享政策和监管框架来平衡各方利益，该政策框架保障个人信息，限制商业的过度开发，并当数据用于研究和商业用途时向公众发出明确的信息。”（Kostkova et al ., 2016）卫生健康研究的未来将取决于这一领域的斗争如何演变，以及如何在更广泛的范围内形成全球平台经济的一部分。特别是在欧洲，对隐私、所有权、可访问性、可用性和对健康数据（产出）的平等性控制的监管，肯定会影响公民在多大程度上可以将其数据托管于平台（Hunter，2016）。立法者需要了解医疗保健和卫生研究是如何逐渐受到平台机制的管理的，这扰乱了许多现行的法律前提，破坏了既定的范式。监管机构能为平台治理做出什么贡献，这一问题将在最后一章讨论。在此之前，我们将转向教育这一公共部门，届时我们将再次遇到开放数据的问题——这个问题需要对建立公众信任和保护公共福利的政策举措进行认真反思。

注释

1. 根据Research2Guidance（2017）的一项研究，自2016年以来，主要应用商店的移动健康应用总数增长了25%，达到32.5万个。苹果和谷歌的应用商店是健康应用的主要分销商。

2. 这些数据可以是各种各样的数据，从临床数据（例如，葡萄糖水平）到性能数据（例如，认知测试），从经验数据（例如，经历的疼痛水平）到健康史数据，从给药剂量信息到遗传数据；它们还可能包括通过公共数据库收集的统计数据或公开卫生数据。

3. 个人消费者或多或少愿意与第三方分享他们的数据，这取决于他们信任谁的数据。医生和研究人员在收集人们的健康数据方面最受信任，而保险公司、科技公司和政府则在其后。一项针对4 017名美国人的调查显示，只有8%的人表示，他们会与科技公司分享医疗记录和实验室结果等健康数据。在受访者中，86%的人表示会将自己的健康史交给自己的医生，36%的人表示会将其交给研究机构（Gandhi and Wang，2015）。

4. 研究人员和医生早就发现，主流的社交网站（脸书，谷歌+）是用于健康交流和研究的平台（King et al.，2013；Fox，2011；Santillana et al.，2014）。从一开始，医学研究人员就利用社交媒体网络和搜索引擎从用户生成的内容中获取健康和疾病信息。

5. 2015年，23andMe检测试剂盒被批准用于布卢姆综合征（Bloom syndrome）携带者，这是一种罕见的疾病，与癌症风险增加有关。在重新获得批准后，该公司又进行了35项针对其他遗传疾病的类似测试，这些测试也通过了美国食品和药物管理局的批准。之前的检测试剂盒对254种疾病进行了评估（Ouelette，2015）。

6. 23andMe在其服务条款（2016c）中也包含了类似的警告：“你提供

的基因信息可能会被用来损害你的利益。注意小心分享你的基因信息！目前，很少有企业或保险公司要求提供基因信息，但这在未来可能会改变。”

7. 该指南是由卫生和公共服务部与国家卫生信息技术协调办公室、食品和药物管理局共同制定的。美国公民自由联盟（American Civil Liberties Union）为开发者提供了一个信息工具，用来测试它们的应用程序可能会受到哪些法律监管（US Department of Health and Human Services，2016）。正如该网站所述的：你的手机应用程序是否正在收集、产生或分享消费者的信息？它是否正在诊断或治疗疾病，或判定健康状况？然后，这个工具将帮助您找出适用的联邦法律（可能不止一条）。这并不意味着是关于您的所有合规义务的法律建议，但它将为您从三个联邦机构的一些重要的法律法规中挑选出适用的法律条款。

8. Healthdata.gov（2017）项目是美国政府最全面的健康数据集目录。通过政府平台的底层技术，研究人员、供应商、企业家、政策制定者和医疗保险团队可以平等地获取健康数据，并使用原始数据来源创建大数据集合，希望为所有人带来更好的结果。卫生和公共服务部负责大量的数据流，数据来源包括医疗保险和医疗补助服务中心、疾病控制中心、美国食品和药物管理局、美国国立卫生研究院等。

第6章 教育

6.1 引言

在前几章讨论了新闻、城市交通和卫生健康的平台化之后，我们现在转向另一个传统上属于公共领域的部门——教育。长期以来，公共教育一直是西方国家最宝贵的公共品之一，也是西方国家的脊梁——这种脊梁是由独立机构搭建起来的，比如中小学和大学，这些机构聘请的教师自主决定学生的课程。这些课程植根于公共价值观，比如重视修养——教育孩子不仅要成为有技能的工作者，还要成为有知识的公民，还比如平等——每个孩子都有机会接受负担得起的教育。尽管美国和西欧在公立学校系统如何获得各州资助以及获得多少资助方面存在相当大的差异，但它们的基本理念往往是相似的。

在这一章中，我们将研究在大西洋两岸，作为一种公共品的教育是如何受平台化影响的。在过去的几年里，在线教育平台数量和卫生、健身领域的平台数量一样，呈爆炸式增长。这些教育平台大多是由公司所有的，并由算法架构和商业模式推动。它们迅速获得了数以百万计的用户，而且还在不断改变学习流程及教学实践；它们促进了网络课程材料的传播，从而影响了课程；它们影响学校和大学的管理；而且，正如一些争论所言，它们改变了整个公共教育的治理方式（Williamson，2016a）。在五大科技公司的推动下，这些平台正在推广一种新的学习模式，这种模式正在改变公共教育的基本价值观：重视修养、基于知识设计课程、教师拥有自主权、集体负担能力，以及将教育作为实现社会经济平等的工具。

在下一节中，我们将解释部门教育平台是如何发展成为更大的连接基础设施的一部分的，该基础设施由五大平台运营商主导，并带有生态系统架构的价值观念印记。最近，全球科技公司也开始认真投资教育领域，通过向学校推广教学硬件和软件，或是针对教育系统的慈善基金会进行投资。因此，我们分析了三种平台机制：数据化、选择和商业化机制如何影响传统的教与学的原则。为了了解这些机制如何在学校系统的实践中发挥作用，我们将看看小学和高等教育这两个不同类型的例子。

AltSchool是一家针对美国K-12教育的初创公司；其模式得到了硅谷投资者的支持，由于其规模潜力巨大，被誉为“小学教育领域的优步”。该平台的技术架构直接体现了个性化数据追踪的教学理念；学习过程被转化为数据过程，并转入能持续将个人进步与标准化表现联系起来的追踪系统。接下来，我们将转向高等教育，探讨大规模在线开放课程慕课（MOOCs）如何影响全球在线市场和大学组织。美国教育平台Coursera运用了数据化和个性化的原则，其商业模式有力地促进了该平台的全球扩张。慕课被宣传为一种高效的高等教育形式，据称比实体大学提供的课程更便宜。聚焦于商业化的原则，我们将特别关注这种模式如何影响公共价值。

在谈到教育领域的公共价值时，我们倾向于把注意力集中在家长和学生对隐私、安全和应用程序处理数据的准确性的担忧上。教育数据、健康数据和金融数据是生态系统中最具价值的货币，因此保护这些价值极其重要。然而，如开头所述，这个部门的公共价值具有更广泛的影响。平台化可能会对作为公共品的教育进行重新定义，鉴于平台化会平衡以下涉及价值观念的两两关系：成长与技能，教育与学习，教师自主性与自动数据分析，公共机构与企业平台。在最后一节中，我们将讨论如果以“开放”的方式组织起来，并得到公共机构、政府和社会行动者的支持，如何利用数据化和个性化来促进公共利益。

6.2 作为互联生态系统组成部分的教育平台

教育平台离不开连接媒体这个更大的生态系统，它们是在这个生态系统上建立发展起来的。正如我们在第1章中所解释的，脸书、Alphabet-谷歌、苹果、亚马逊和微软在数据流中是关键的控制者，这些数据流正推动着在线教育变成一个蓬勃发展的全球市场。因此，五大科技公司中有三家从创业之初就投资于教育领域也就不足为奇了。自20世纪80年代以来，微软一直活跃在教育软件领域，尤其是它的办公软件和课堂软件（如Blackboard）。苹果的统治地位在一定程度上是建立在其硬件设备受欢迎基础上的，比如笔记本电脑、台式电脑和平板电脑在课堂上的普及，将儿童和年轻人吸引到其基于iOS的世界中来。为其广受欢迎的手持设备引入特别设计的软件，是苹果进入学龄前儿童市场的最新例证。谷歌公司成立于1999年，通过向大学提供免费服务，如Scholar、LibraryLink、Gmail-and-Docs软件包等，在学生生活中占据了重要位置。在硬件方面，便宜的谷歌Chromebook笔记本电脑已经在全球K-12学校中得到广泛使用。

最近，高科技公司已经从硬件和软件转向下一代数据驱动、基于平台的工具包——这些工具进一步渗透到教学的核心业务：内容制作和发布、学生表现追踪、课堂交流和组织管理。过去五年来，随着学校竞相使用复杂精细的门户网站，在线教育服务市场得以蓬勃发展，这些门户网站提供课程作业查询、师生交流、数字课件、家长评估孩子的进步等服务。[1]由复杂的数据驱动的产品被设计用来衡量每个孩子的能力和进度，并成为提高孩子学习成绩的保障。苹果公司推出了综合Classroom应用程序，这是一个在课堂上管理和监控其苹果平板电脑产品的工具包。微软为迎合学校“促进学生发展现代技能，包括沟通、协作、解决问题和全球意识”的理念，推出了在线工具包MS Education（Microsoft Education 2017）。谷歌在Chromebook上预装了用于教育的谷歌应用，从而创造了自己的软硬件结合的利基市场。2016年，亚马逊——在线教育市场的后起之秀，发布了Inspire，通过该门户网站，教师可以上传、分享，学生可以在线免费阅读学习材料，不仅包含了莎士比亚图书馆书籍，还包含了博物馆及开放资源的交互工具和材料，如College Scorecard。通过发布Inspire，亚马逊与高科技竞争对手一道，推动在美国及其他地区的公立和私立学校扩大数字技术的使用。许多科技企业家，包括著名的脸书的马克·扎克伯格，最近都投资于慈善或非营利基金，以促进教育平台化，特别是计算机、数学和编程的教学。[2]

在线教育市场中，五巨头不仅相互竞争，还与老牌教育公司竞争，如Pearson和Knewton，这些公司在其市场基础方面拥有既得利益（Williamson，2016a）。像传统的新闻机构一样，这些公司面临着一种新型的竞争对手，这种对手在跨部门的数据处理和平台发布方面有着巨大的领先优势。如前所述，它们不仅通过基础设施服务（浏览器、云服务、搜索引擎等）控制着这个生态系统（这些基础设施服务已经在教育领域占据了重要地位），还通过与有前景的教育技术初创企业的合作或兼并来控制这个生态系统。在高等教育领域，仍然有相当数量的成功的独立开发者和初创企业。然而，如果没有五巨头中至少一家的支持，很少有初创企业能够扩大自己的产品规模。谷歌和脸书还特别投资了在线教育服务，这些服务旨在改变学习的内容和环境。

我们粗略地勾勒出教育部门是如何嵌入到基础设施平台的更大生态系统中的，这有助于理解它们与行业互联型平台的整合如何通过路径依赖来维持五大平台的主导地位。但我们需要深入研究这种动态，以了解它们是如何影响社会结构和制度结构的。控制平台生态系统的是三个驱动社会部门重组的机制——数据化、选择和商业化。

在线教育的转型，数据化是最重要的一个因素，从幼儿园到大学，学校的课程都被改变了。通过设备和相应服务的使用，学生、教师、家长和学校管理人员的大量数据被自动生成和收集。数据集的范围“从对学生和教师经常进行的临时‘内部’监控，到地方、州和联邦各级系统的‘公开’数据收集”（Selwyn，2015）。随着教育评估日益量化，学生的表现受到数字的支配（Robert-Holmes，2015）。定量学习分析基于大量学生的在线行为数据，包括实时数据追踪和预测分析（Tempelaar，Rienties，and Giesbers，2015）。数据追踪可用于记录关于学生答题所需时间的详细信息，记录答题的认知过程，测量所需的教学量，或跟踪学生的互动（Koedinger，McLaughlin and Stamper，2014）。这样的计算可以根据平均分数和一些变量预测一个人在学业上的成功概率。这些新兴的数字政策工具将对教学和教学变量的评估从教师和课堂外包给了数据科学家和算法。数据驱动平台服务的总体理念是允许学习活动的修改和纠正；它们提供了尚未实现的潜力，要从根本上改变学习过程和教学法（Maull，Godsiff and Mulligan，2014）。

数据化是个性化的先决条件——这是我们在第2章中提到的“选择机制”的一个子类。个性化学习是指在线学习系统适应每个学生的学习需求和能力，优化个人表现，提高学习积极性。尽管个性化学习并不是什么新鲜事，但在用户数据收集和预测分析的背景下，这意味着持续的个人监控和量身定制的教学成为教学模式的一部分。自动跟踪个体的内容显然包括能力分数和表现水平，但也可能包括学生的压力水平、学习进展变化和心率。据称，个性化数据为了解学生的学习方式以及他们需要什么样的辅导提出了前所未有的见解。如果数据显示一个学生解决应用数学题的能力比解决抽象方程的能力更强，软件开发人员可以调整作业并实现个性化的变更。学习行为的汇总数据为个人“适应性学习”方案提供了依据。人们一致认为将学习经历个性化有利于促进和激励学习，它也被用于绩效的智能分析和客户满意度测量。

数据化和个性化很难与商业化机制分开来分析：内容和数据流通过其平台的商业模式和治理结构兑现成货币。教育平台的商业化通常涉及大型数据中心对学习数据的处理，这些数据中心使大数据流具有盈利潜力。大量的信息传输到“计算中心”和数据中心，权力集中在少数服务于商业利益而非教学利益的大数据公司（Lawson，Sanders，and Smith，2015）。正如五巨头的一些作为连接器应用所示，谷歌教育应用程序和亚马逊的Inspire，它们的界面功能设计与那些嵌入其商业的基础设施服务的界面功能设计惊人地相似，提供了顺畅的数据流交换（Friesen & Lowe，2012；Lindh & Nolin，2016）。学生和教师产生的数据流具有很高的经济价值，因为它们提供了一些与群体特征不同的个性化的数据。儿童和年轻人是极为有价值的用户群体，尤其是因为他们是广告商和服务提供商垂涎已久但又脆弱的目标受众——这也是政策制定者需要警惕学生隐私和安全的另一个原因。

原则上，基于数据化和个性化机制的商业化在线服务在推进教育方面具有巨大潜力，使教育更高效、更容易获得、更实惠；但目前还没有证据表明，长期来看，它们将显著提高大多数学生的学习成绩和学术水平（Beetham & Sharpe，2013）。数据驱动的个性化教育的效果研究还很少。定量学习分析的支持者声称，它们是学生提升学习质量的重要助推器（Ebner & Schon，2013；Reamer et al.，2015）。个人学习过程的实时数据能够帮助教师监控学生的学习进展，并给予纠正和反馈。正如一些支持者所主张的那样，持续测量学生的表现水平可以提高教学质量（Maull，Godsiff，and Mulligan，2014）。其他人则对教育过程的数据化表示欢迎，特别是个性化数据分析是如何指导学习设计并促进具体的教学行动的（Lockyer、Heathcote，and Dawson，2013）。

来自世界各地的批评者指出，利用在线教育的数据服务来提高学生成绩或学术水平可能是无效的；更令人沮丧的判断是，它们强化了管理主义和对学生及教师的监督（Selwyn，2016；Thompson，2016）。在2016年英国政府的一份报告《从砖块到点击》（From Bricks to Clicks）中，一些批评人士关注了涉及数据收集和解释的伦理与法律挑战，包括隐私、安全以及对个人数据的控制（Higher Education Commission，2016）。这些重要的公共价值也一直是研究人员审查数据的重点——对数据密集型学习分析的详细审查（Siemens，2013；Slade & Prinsloo，2013）。然而，这些批评并不仅限于隐私和安全问题。一些批评英国政府报告的教育家质疑数据驱动的、个性化教育作为信任和公众信心支柱的假设（Butcher，2016）。他们认为政府对平台化的不加批判的支持忽视了一些基本原则，比如学术自主和独立，而这是建立公共教育制度的原则。如果监控学生个人进步的数据模板替代课堂活动成为教师的主要工具，则可能导致教育范式的转变（Thompson & Cook，2016）。

简而言之，在承认数据化和个性化在教学中的积极作用的同时，批评家们也提醒人们注意这样一个事实：平台假定会带来的好处没有一个得到了经验的证明。以数字和分析工具为手段，教师的角色由课堂主导者转变为数据模板的控制者，这就产生了问题；教育专家可能会觉得，教育活动的核心——评估和个性化关注被外包给了算法和工程师。现在让我们更仔细地研究两个例子，以有助于阐明在教育平台化的过程中，哪些公共价值处于危险之中。

6.3 AltSchool和K-12教育的转变

AltSchool是由谷歌的个性化服务部门前任主管Max Ventilla于2013年在加州创立的；这个项目吸引了很多关注，不仅是因为其教育理念，也是因为其投资者和捐赠者的名字，包括了马克·扎克伯格的教育非营利基金会和风险投资家Peter Thiel的风险投资基金。AltSchool是一个连接线下和线上的混合方案。2017年，它开办了6所实体微型学校——每个学校只有一间教室容纳教师和学生，没有管理员和秘书；行政和管理任务由旧金山的平台总部处理。其“虚拟”产品据称具有巨大的规模化潜力，有望在未来惠及公立学校系统。投资者的目标是助力重塑美国教育，“首先是微型学校的创新；其次，通过向想要开办自己学校的教育者提供软件；最后，通过为全国公立学校提供其软件，公司希望在三到五年内实现这一目标”（Mead，2016）。

AltSchool不仅仅是一间教室，它还是一个实验室，在那里老师和学生可以被仔细观察；每个学生都有一个平板电脑或Chromebook，每项活动都会被自动记录和分析。由100多名技术人员和数据科学家组成的庞大团队开发定制了教育软件，并通过调整学习分析软件优化学习过程的每个部分。该团队开发的工具非常类似于部署一般的网络平台：其推荐算法和网飞或亚马逊差不多，就是把孩子已经学会了的东西都考虑进去，通过数据分析减少常规测试，通过声誉机制评估孩子的个人投入，并衡量孩子之间的相对分数。[3]该平台由教师监督学习过程；小组教学也被独立的项目所取代。通过每周一次的“播放列表”，每个学生都被指定去参加针对其独特能力而量身定制的个人或小组活动。

在这种高科技的教育环境中，学生的表现由跟踪系统监控，该系统详细评估每个孩子的能力。这意味着对一些学生来说，数学能力优先于阅读能力，而对其他孩子来说则相反（Lapowsky，2015）。根据数据，老师们不断地给每个孩子的进步“卡片”打分——学术上的、情感上的和社交上的，并利用这些卡片制订每周的个性化学习计划。据推测，通过数据的处理，能够减少每个孩子的无效任务而使教育更有效率。在教育理念上，AltSchool更青睐技术而非教师，在线任务导向学习取代了课堂教学，预测分析取代了教师的专业判断。[4]此外，个性化学习方案优先于共同课程或标准教育。可以肯定的是，对学生学习行为的个性化处理，以及对教育内容的区别对待，并不是AltSchool平台的独家创新。如果将数据化和个性化的原则应用于当地环境，则可以对教师起到帮助作用；教师可以对学生的进步进行详细的评估，而不必依赖于全球范围的科技公司开发的互联网平台。

教育平台也存在一些有争议的问题。一些人指出，像AltSchool这样的平台发展的是一种所谓“学习化”的模式。许多数据驱动的个性化教育方案关注的是学习而不是教育，关注的是可计算的过程而不是师生之间的社会互动。学习的活动被分为可量化的认知和教学单元，如辅导、小测验、作业、与其他学生的讨论和测试。学习模式是以实时、短期的学习过程为基础的，而教育则包括智力、社会、技术和认知技能的同步滋养，并涉及多年的长期轨迹。一些社会科学家和哲学家认为，“学习化”模式起源于这样一种理念，即学习可以在每个学生的个人头脑中进行管理、监督和控制，并最终加以修正（Attick，2013；Biesta，2012；Mead，2014）。

数据化加上个性化似乎是一把双刃剑。基于定量测量的定制作业可能有助于改善每个人的学习过程和结果。尽管如此，个性化算法还是基于对用户需求或兴趣的推断。因此，个性化学习算法的一个副产品可能是它们“过滤掉用户不感兴趣的内容，而只呈现给用户符合系统信念的内容，即用户感兴趣的内容（Ashman et al.，2014）。换句话说，个性化作业可能相当于新闻领域的过滤气泡。有人可能会说，AltSchool将专业决策委托给数据驱动的算法系统，这些系统有能力循环地定义、预测和管理学习者的进展（Williamson，2015）。Mead（2016）在《纽约客》中对AltSchool的日常实践进行了人种学（ethnographic）观察并得出结论：数据分析将教育家的角色转变为“一个更像数据侦探的人”。

除了批评学习范式之外，研究人员还提出了各种关于平台化的其他担忧，如监控（Siemens，2013）。对学生和教师的表现越来越多地通过仪表板进行监控；持续的评估基于行为跟踪机制和自动化课堂调查技术，这些技术已经被美国许多小学引入，并引发了大量的争议（Singer，2015；

Rich，2015）。在AltSchool和类似平台注册的学生很容易受到持续的监控，以至于他们（不知情地）成为实验室持续实验的参与者。在过去的几年里，在线教育已经向连续的行为实验转变（Ebben & Murphy，2014；Singer，2017a）。利用学生做研究实验并不是什么新鲜事。然而，对幼儿的持续跟踪引发了重要的伦理问题；隐私和数据再利用的问题引起了家长的担忧，并引发了监管机构的问询（Selwyn，2015）。

研究人员几乎没有解决的其他问题是涉及（元）数据所有权和隐私保护的伦理问题，这可能相当棘手。在数据化的学校系统中，学生的表现不仅通过成绩或学习成果来评估，还通过学习曲线和社会适应性来评估。严格监控学生的互动和认知行为是一个数据化的过程，这产生了大量的过程数据，而不仅仅是学术的测试结果。学生回答问题的速度有多快？在解决问题的时候，他们是孤僻的还是合群的？行为数据是一种持续监控的副产品，学生们很少意识到这些数据正在被积累、分析和再利用（Ashman et al.，2014）。事实上，仪表盘可能会产生行为信息，这比简单的平均绩点要有趣得多。不难想象，未来的雇主可能会要求雇员从幼儿园到大学的全部表现记录，以评估其智力和社会适应能力。隐私在教育环境中的重要性怎么强调都不过分；正如Helen Nissenbaum（2010）所指出的，隐私是一种情境价值。学生们需要一个舒适的、允许犯错的或可以花时间发现新想法和获得技能的环境。如果学习行为数据被商业化或以任何方式交易，学生的舒适感就会受到严重挫伤。

AltSchool平台的扩张是许多目前正在开发和实施的在线教育平台的典型案例。AltSchool并不是硅谷投资者唯一钟爱的项目，他们承诺要扩大技术规模，允许公立学校的所有孩子登录平台。2015年，脸书开始与加州高峰公立学校（California Summit Public Schools）合作，参与其K-12教育项目，开创一种类似于AltSchool的数据个性化学习模式。[5]尽管承诺遵守隐私法规并保护学生数据，但除了商业化机制之外，很难理解科技公司对促进数据化和个性化的教育在线系统持续扩展的兴趣；正如本·威廉姆森

（2016b）所指出的，这些“创业型学校”成为“教育改革的下一步是企业的公益化创投”的典范。初等教育的平台化，包括其潜在的好处和可能的缺点，应该基于公共教育私有化这一更大的议题来评估。特别是在公立学校已成为常态的欧洲，企业平台及其机制的影响应受到监管审查和公共舆论的制约。在下一节中，我们将尝试了解教育平台的复杂动态以及它们对公共机构的影响，并将我们的重点转向高等教育领域。

6.4　Coursera和Mooc对高等教育的影响

高等教育平台化的表现形式多种多样，但最早的形式之一是迅速兴起的慕课。这些流行的在线学习工具最初被推广为未来大学教育的替代选择，甚至取而代之。自2012年成立以来，美国的Coursera、edX和Udacity等平台就将自己的平台定位为全球化的商业风险投资，其中一些是基于营利模式，另一些则是大学和高科技公司之间的非营利合作模式。慕课并非凭空出现的；它符合美国和欧洲大陆的远程教育以及后来的电子教育的悠久传统。2013—2015年间，全球对慕课的兴趣激增，因此它们都设法占据了一个特定的利基市场。尽管慕课的人气似乎有所减弱，但作为全球在线市场，它对高等教育的影响仍在美国和欧洲回荡。

在这一部分，我们将走近Coursera，这是一个营利平台，由斯坦福大学计算机科学教授于2012年创办，已经为全世界的学生提供了成千上万门在线课程。Coursera部署了许多与前面提到的相同的数据化和选择机制；该平台同样遵循学习原则，并通过预测分析找出个性化学习策略。在之前的一篇文章中，我们详细描述了数据化和个性化机制是如何推动在线慕课的发展的（Van Dijck & Poell，2015）。在本章中，我们将集中讨论推动Coursera商业模式的商业化机制。与脸书、谷歌和其他主要平台类似，Coursera为终端用户提供免费的内容；学生可以报名和观看录像讲座，参加在线练习和考试。Coursera的目标是将教育内容与全球大众用户连接起来。用户获取是实现网络效应的关键，因此慕课对吸引大量用户以获取大数据集和大量学生资料有相当大的兴趣。它收集的（元）数据越多，对用户的了解就越多（Koedinger、McLaughlin & Stamper，2014；Clow，2013）。但Coursera如何从其活动中获得收益呢？

慕课对终端用户可能是免费的，但并不廉价。[6]在过去的几年里，Coursera尝试了多种商业模式，目前仍在对其营利模式进行微调。首先，该平台的收入来源取决于与之合作的大学和学院的努力。将Coursera的商业模式与传统教育机构（私立和公立大学）的商业模式进行对比是一件有趣的事。后者提供"一揽子"由以下内容支撑的教育体验，包括报告厅、教学设施、图书馆和密集的课程，也包括认证、咨询、辅导和测试服务（Boullier，2012；Decker，2014）。在这一揽子体验中，学生需要支付学杂费。在公共教育方面，纳税人资助这些机构，使更多的公民能够负担得起并接受高等教育。[7]传统的大学商业模式体现了高等教育以课程为基础、以教育为重点的综合体验的理念；公共教育不是培养熟练工人，而是培养知识渊博且具有批判精神的公民。大多数高等教育机构仍然坚持以课程为基础的学位教育原则，即使许多大学也通过拓展课程或针对特定群体的特殊课程提供独立的课程。

对于慕课平台，教育的核心单元不是教化而是学习；贸易的核心单元不是一个专业，而是一门课程——一个可以"解绑"和"重新捆绑"成在线"产品"的单元，可以在本地大学之外提供给遍布世界各地的观众。Coursera的模式类似于脸书和谷歌这样的连接机构对新闻内容的"拆分"，正如第3章所述：新闻文章和广告不再是打包（报纸）在一起的，而是通过脸书的即时文章、News Feed和谷歌新闻被重新分配。就像新闻制作一样，Coursera将自己定位为一个多边市场中的连接器，连接内容、学生和第三方。但是谁为在线产品买单呢？课程内容由与Coursera合作的大学制作和支付；大学通常会对开发课程内容的讲师，以及处理学生反馈问题的教师支付报酬。因此，大学和讲师是这些在线连接器的补充。通过与平台合作，大学可以提供一些免费的在线课程，同时让学生为其他内容付费。如果大学向用户收取费用，它们必须与平台分享收入。[8]换句话说，大学在Coursera的商业模式上投入了巨资，包括内容和教学，然而Coursera的"连接服务"却得到了回报。"就像优步没有汽车，没有司机一样，Coursera没有教师，也没有校舍。

尽管"免费"模式主导着慕课的世界，但付费模式通过提供额外的付费服务扩展了免费的选择——比如所谓的"签名课程"，学生支付结业证书、监考和身份验证的费用。被监考的考试和认证证书正逐渐发展成为可以在全球销售的潜在盈利单元。这些"微学位"或"准学位"正变得非常受欢迎，尤其是在它们所瞄准的那些想要学习特定技能的专业人士的市场中（Kalman，2014）。我们正在见证美国的教育平台与高新技术公司合作培养出熟练的劳动力：Coursera与谷歌、Instagram和其他机构合作，提供所谓的课程项目——在线实习，使学生在公司实习工作以提高技术和营销能力。这些公司除了获得了参与这些项目的学生劳动力之外，还从学生的学习过程中收集数据、寻找未来的员工（Lardinois，2015）。

在线教育内容最有利可图的商业模式无疑是收集和交易用户数据。Coursera的价值主张与大多数社交媒体平台类似：利用数据价值向感兴趣的第三方收费。每一个注册的用户都要在复选框上打一个勾，这样Coursera就可以收集所有的用户数据。[9]目前尚不清楚Coursera是如何利用这些丰富的数据赚钱的。在在线内容中插入广告是Coursera尚未使用的一个选项，但它在未来很可能是一个有利可图的价值来源；Coursera已经完全融入了脸书和谷歌主导的在线广告的平台生态系统（Kalman，2014）。正如我们在AltSchool的例子中看到的，从参与者那里收集的行为学习数据可以卖给那些争夺全球人才的企业。学习数据的价值是巨大的；与其他数据（如社交媒体资料或健康和健身数据）结合起来，个性化信息不仅对潜在雇主而言是一座金矿，对保险公司或消费公司也是如此。在美国，对学生数据的再利用在很大程度上处于法律的灰色地带；正如Young（2015）所指出的，对于Coursera或其他慕课等平台来说，隐私法已经过时，且显得苍白无力。

如果我们看看支持慕课发展的机制，我们很难否认它们在全球高等教育格局中的颠覆性力量。许多人认为，提供个性化、数据化和定制化的在线学习材料是一种积极的发展。终身学习已经越来越重要，尤其是在美国，许多人都渴望上名校，但很少有人负担得起，拥有一个良好的教育背景已成为一种特权，这时，按需提供课程的想法则成为一个非常有吸引力的方案。传统大学“套餐”的花费越高，慕课的“拆包”方案就越有吸引力。对于那些无法进入传统大学学习的人来说，购买一个梦寐以求的大学文凭的替代选择可能非常有吸引力。

尽管慕课可能是对现有大学课程的补充，有利于学生个体，但从长远来看，它们可能会破坏集体公共系统的一些核心价值观。尽管很少有人认为慕课平台会对传统的教育机构构成威胁，但作为公共部门的一部分，它们可能会对教育产生重大影响，尤其是在欧洲，那里的公共教育仍被视为对公共利益的重要贡献。虽然无法预测平台化的动能对传统的高等教育结构能够达到的渗透深度，但从上述分析可以看出有两个潜在的影响。首先，公立大学相当公平，因为它们的学费水平和平等入学政策被证明是比较合理的。其次，虽然学校和大学在定义课程方面被赋予自主权，但维护教育标准始终是一项公共责任，由独立机构监督和执行。平台化会破坏公平获取、专业自主权和责任等公共价值。

先说第一个受到威胁的公共价值——公平获取，慕课通常被描述为对摇摇欲坠的公共机构的高科技修补——这种机构让处于弱势的、贫困的学生失望，而由于成本上升，贫困学生更难进入了。Coursera运用了令人信服的说辞来提升这个平台的规模，使世界各地条件不那么优越的学生能够接受高等教育，特别是那些来自发展中国家的人。到目前为止，几乎没有证据证明慕课提高了教育的可及性或可负担性。[10]事实上，慕课导致了教育中“学习者、内容开发者、传授者和评估者之间的新几何关系”（Jacovella，2013）。但无论如何，这种“新几何关系”深深地依赖于高质量教师提供的高质量内容，而这些内容必须通过学生学费或集体税收来支付。更广泛的观点是，修复公立学校所需的资金应该花在私立学校和高科技投入上，这已经成为一个越来越普遍的信条，特别是在美国，这导致了公共系统的解体。

第二个受到威胁的公共价值是教师的专业自主权，教师要依据一个全球运行的、高度集中的和标准化的发布平台来设计他们自己的内容。事实上，Coursera的规模化能力是由商业模式驱动的，但即使是非营利的慕课，在全球范围内运营的需求也严重影响了教师根据自己的教学原则设计课程的自主权。例如，edX是慕课最大的非营利企业。与Coursera不同的是，edX最初顶住了风险投资家要求迅速扩大规模和赚钱的压力，而是侧重于与教师共同创建一个可持续的在线环境从而展开实践与合作。然而，正如Kelkar（2017）在她对edX实践的人种学研究中所表明的，在过去的几年里，“edX架构师”不断施压，要求提高平台的可扩展性和全球标准化。与此同时，辅导员和参与高校管理的部门发现，他们“设定议程和控制软件方向的能力”逐渐下降了（Kelkar，2017）。EdX系统架构师承认，他们在服务付费客户和更广泛的社区人员（如开源社区参与者、研究人员）的紧张关系中挣扎。

第三个备受争议的公共价值是责任：独立的认可和认证机构在维护学分和文凭的价值方面所扮演的角色。对教育质量标准的监管在很大程度上仍然由国家机构负责，特别是在欧洲，由政府机构负责。在互联的世界中，平台化可能导致认可和认证体系的私有化。首先，Coursera热衷于制定全球学分和考试标准；就像脸书想要提供一种身份验证标准一样，Coursera为了获得认证和验证领域的守门人职位，也一直在投资。由于Coursera是在全球范围内运营的，而许多认证体系仍由国家或超国家（欧洲）机构监管的，因此这是一个潜在的有利可图的市场。优步和爱彼迎已经证明，它们可以通过对抗国家或地方层面的监管冲突，扰乱整个行业；在组织自己的全球认证体系时，Coursera可能会绕过监管，从而瓦解公共部门的治理体系。

6.5 作为公共产品的教育：混合学习和开源

向平台经济的转变打破了传统的学习和教学方法。前面以AltSchool和Coursera为例，说明数据化、个性化和商业化机制是如何发挥作用的，认识到平台化如何影响为公共利益服务的教育理念是很重要的。这两个例子突出了关于教育价值的思想观点之间的内在冲突：一方面，教育是对年轻人的私人投资，教给他们技能，提高他们的就业能力；另一方面，教育是一项公共投资，旨在培养有知识和批判性的公民，使他们能够获得平等受教育机会。在现实中，很少有如此对立的观点。正如我们在第1章中所论述的那样，公共价值是关于平台经济应该是什么样子的核心。到目前为止，我们主要研究了数据化和商业化机制如何在平台生态系统架构中创造价值，但是平台经济中的其他非市场化的参与者——政府、公共机构和社会参与者，对这种价值创造有什么贡献呢？特别是在教育作为公共部门的地位根深蒂固的欧洲，当谈到将教育作为一项公共事业来推动时，其首选的工具和原则是什么呢？

谈到后者时，非营利组织和政府主要提倡两个优先原则：混合学习和开源。如果将数字和在线学习工具与当地实施的经过验证的教学方法相结合，它们将是教师和研究人员的工具箱中极有价值的补充。所谓的混合学习环境可以加快学习的进程，不仅对于已经有优势的学生，而且对于那些天赋较低和需要更多训练的学生都有益处（Gikas & Grant，2013；（Rennie & Morrison，2013）。对混合学习的关注导致了大规模开放在线课程（MOOC）向小型私人在线课程的转变，给教师更多的自主权，并强调了师生之间互动的重要性。许多这样的实验仍在全力进行中，但是目前还没有足够的实证证据表明“翻转课堂”有助于实现公共教育的目标。

大多数大学和一些非营利教育平台都是开源软件的倡导者。例如，edX不仅向每个想要使用它们的人开放了它的课件，也开放了它的程序源代码。正如我们在关于健康应用程序的第5章中看到的，非政府组织、政府和公共机构已经把“开源”、“开放数据”和“开放知识”变成了平台经济的箴言。研究机构、医院和大学希望在内容分发和数据管理系统方面创建一个可持续的在线基础设施，以支持可查找性、可访问性、互操作性和可重复利用性等公共价值。但是，除了这些直接的实用价值之外，主要是由政府来维护教育的社会价值：促进数据的合理使用，同时保护学生的隐私，加强教育而不仅仅是学习，保持独立的质量控制，并保证教育能够让大众负担得起。

政府也承担起了自己的责任，在平台经济中捍卫教育的公共利益，通过扮演一个积极的平台开发者的角色，试图精简组织流程，同时激励创新（Janssen & Estevez，2013）。在过去的几年里，在教育领域有越来越多的公共举措通过公立学校系统和热衷于投资所谓的开放平台的政府进行了实施，其中部分是针对小学教育的，但绝大多数是针对高等教育的。[11]在国家层面上，西班牙、意大利和波兰都推出了在线课程平台，以直接应对美国的慕课。2013年，一个名为OpenupEd的泛欧洲公共方案在英国成立，试图抗衡美国公司在该领域的主导地位。其中一些平台取得了阶段性成功，适合公共机构或民众进行投资。

最近，我们看到一些国家发起了“开放”运动，旨在开发架构和资源对用户开放和免费的平台。“开放数据”“开放教育资源”“开放学习”等概念被推广，成为教育机构实现数据访问平等化和网络资源共享的重要手段。美国、欧洲和澳大利亚的政府都在积极投资这类平台。2016年，在美国国防部的共同努力下，美国教育部启动了“学习注册”行动。据网站介绍，学习注册中心“充当元数据的聚合器，包括发布者、位置、内容、校准、评分、评论等”（Learning Registry，2016）。全国各地的教师和教育工作者都可以通过提交教学材料和元数据的方式参与注册，这些材料和元数据将经过审查，并用于教育目的。同年，欧盟启动了欧洲开放教育项目（Open Education Europe Project，2017），这也是欧盟对美国政府支持开放教育资源和学习分析系统所做出的回应。与美国的项目形成对比的是，欧盟想要超越慕课，在技术和教学方面信奉开放性，同时保证教师之间更广泛的可获得性和合作（dos Santos，Punie，and Munoz，2016）。

以数据和内容存储库、共享分析和学习系统形式出现的开放资源获取，正日益被定位为对企业专有数据中心和企业学习平台的挑战。教育开放资源提供存储和工具的潜力被认为可以节省成本并激励教师。此外，开放资源被认为是希望开发新学习资料的研究人员和开发新产品的企业家的福音。开源教育的诸多优势被热切地宣扬；与此同时，对长期潜在阻碍或不利影响的担忧相对较少，尽管这种保留意见可能是有依据的。支持在教育中使用开放资源的研究人员呼吁对“开放”教育的效果进行更全面的探索，解决潜在的缺陷和障碍，如有限的可持续性、高成本和有争议的平等效果。

就像在企业教育平台领域一样，对开源工具驱动的在线学习方法的效果研究很少。在澳大利亚的学校中，一些小规模的开放教育数据项目的研究被设计用来证实开源学习的效果。Selwyn、Henderson和Chao（2016）报告了两所学校合作项目的结果，教师和管理员部署了数据处理系统，并使教学材料开放和可重复利用。该研究还测试了开放资源和开放数据的主要维度，如提高教师和学生的参与程度，更多的赋权和问责程度等，但该研究未能证实这些结果。相反，它显示了使用开放数据是相当昂贵的，并且如果没有长期的额外资金支持，基于数据系统的有意义的开发不可能长期持续进行。这些研究人员得出的结论是，开放数据项目在增强可及性和平等方面的潜力可能被夸大了。这一结论似乎得到了澳大利亚另一项基于开放数据的公共平台MySchool的研究的证实，MySchool的案例也反映出教育开放资源积极和消极的复杂影响（Marjanovic and Cecez - Kecmanovcic，2017）。[12]

换句话说，“开放”数据和渲染平台开放本身并不会加速平等目标的实现。公开数据能够为教师、学生和家长赋权；但出于同样的原因，它可能加剧权力失衡，并成为一种纪律惩戒权力的工具。收集开源的教育材料并使其在开放的网站上可以公开获取，可能对教师和企业家都有好处，但是需要适当的工具和背景材料才能使其准备好被重复使用。使数据、工具和材料“开放”的成本是昂贵的，而充足的资金往往是公立学校系统所缺乏的。正如Rob Kitchin（2014）指出的那样，“除了政府补助金，没有已经设计好的模型可持续支撑开放数据计划，而对于产生额外的消费者剩余价值和新的商业投资而言，被附加税抵消的创新产品和成本在很大程度上是假设性的，或者只是开始成为现实”。教育中的“开放”并不等同于“公共”。此外，“开放”并不意味着“免费”。最后，“开放”并不是资金不足的公共教育的灵丹妙药。如果政府对开放教育资源的支持是从学校的教学和大学的研究中吸走更多的公共资金，那么结果实际上可能会适得其反。换句话说，“开放”的基础设施需要对公共教育的目标做出实质性的承诺，实现公共利益是教育的核心内涵的目标。

6.6 结论

教育的平台化导致了对公共价值的激烈争论，这些公共价值传统上根植于制度和职业规范，而这些制度和规范却日渐被忽视和抛弃。数据化、个性化和商业化的机制已经渗透到教育中，不仅改变了学习资料的内容和学生的学习过程，而且影响了教学原则以及学校和大学的组织。数据化和个性化确实提出了许多社会、伦理和规范的问题，这些问题涉及孩子将来可能接受的教育类型。作为商业化的结果，学习的数据已经成为一种有价值的货币。在一个相互连接的世界里，交互的技术是商业化的载体，教育平台已经成为私人、公司和公共利益冲突的战场。因此，保护教育作为一种共同利益，需要引起公共部门（尤其是在欧洲）的格外警惕。本章中至少提出了三个关注点，我们将在最后一章的反思中进一步讨论。

首先，平台经济被卷入了生态系统的技术商业机制中，而正是这种机制推动了公共服务和公共部门市场化。由于平台经济的基础设施核心中没有开辟出公共空间，社会问题的技术解决方案日益成为政府和公共机构的议程。这种意识形态冲突的核心是Morozov（2013）所称的“技术解决主义”，在这个议题中，以前削弱公共和政府职能的管理被用于产生私人利益。公共资金被越来越多地吸引到基于数据、技术密集型的教学和学习形式的平台项目上，而减少了基于人力、劳动密集型的教学和教学技能的投资。数据化和个性化作为一种新的教育范式被推进，在这种范式中，人类的判断越来越多地被基于数据的预测分析工具所取代。然而，目前还缺少对这种趋势的实证研究成果。

其次，教育平台对数据测度性技术的大量投资展现了其雄心壮志，这就提出了一个问题：测度性技术是使教育更有效果还是更有效率？资源和学习系统的自动化促进了全球的标准化教育的发展，但这种标准化教育几乎没有考虑到学习和教学的本土化和独特环境。虽然像AltSchool和Coursera这样的平台把“个性化大众教育”作为一个独特的卖点来推广，但推动技术规模化的背后，确实是全球标准化。如果在线课程成为全球教育的标准载体，通过全球化的“连接器”公司会创建路径依赖效应的分销链，从上海到旧金山的全球知识传递将变得更加便利。Coursera和优步在基础平台机制上有很多共同点，教育和交通的不同之处在于：在教育领域，每个人、每个地方和每个文化背景都有其独特性。

最后，本章最深刻的见解是，教育作为公共部门的一部分，传统上被赋予独特的平等公共价值观，也会迅速地被企业平台的技术商业架构所影响。正如我们在本章中提到的，政府、非营利组织和民间团体在设计一系列“开放”平台方面做出了重大的尝试，旨在帮助教师、学生和研究人员使用数据和数字工具。然而，正如我们所争论的那样，开放数据和知识并不是保持教育公开的保证。许多开放教育资源项目关注收集的数据集的数量和质量。除了负担得起、易于管理和易于维护的资源之外，还需要更好和更深入地理解数据流如何反映、构建和影响公共价值。相同的“开放”数据集可以用于不同的目标。例如，根据学生成绩记录的使用情况，可能会便于教师更好地予以个性化关注，但也可能会加剧歧视或限制使用数据。

数据化和个性化的潜在长短期影响应该伴随着提出一些基本的规范性问题，不仅仅包括隐私、数据安全和监督等问题，还应包括教育基础、技术管理监督系统的干扰以及素质教育的本质。只有让这些更广泛的社会规范和价值观变得透明，我们才能在我们信任的教育平台上权衡和评判它们的执行情况。我们将把这三个关注点和见解带到最后一章，阐述政府和民间社会组织作为平台经济的行动者的作用。

注释

1. 美国的教育硬件和软件市场在过去几十年里呈指数级增长。2015年，美国幼儿园和高中在硬件（平板电脑、笔记本电脑和台式电脑）和软件（学习工具、管理系统、数字内容等）上的花费超过130亿美元（Singer，2015）。到2020年，美国学校计算机和软件市场的销售额预计将达到210亿美元（Singer & Ivory，2017）。

2. 最值得注意的是，Chan-Zuckerberg基金会对Summit Schools进行了大量投资；网飞首席执行官Reed Hastings向一家非营利特许学校基金捐赠了大笔资金，以便收购DreamBox，这是硅谷的一个将电子游戏与数学作业结合在一起的教育项目。Code.org是一个由硅谷投资者资助的非营利联盟，旨在在美国所有公立学校教授计算机课程。后一个例子是典型的以技能为导向的在线教育平台（Singer，2017b）。2017年，科技公司甲骨文

（Oracle）宣布将在其位于硅谷红木海岸的园区内建设一所特许学校——设计技术高中（Design Tech High School）。

3. 教育平台的声誉排名和推荐系统，因其遵循平台的技术－商业逻辑而备受批评，评估是即时且连续发生的，主要基于使用者的主观认知或好感度（Coetzee et al.，2014）。然而，教育是一个完全不同于“喜欢”或“推荐”的过程。学生并不总是喜欢他们所学的东西；学习往往需要无休止的练习，或涉及意想不到且直到很久以后才会证明是有价值的学习内容，“推荐”的即时性和“喜欢”的主观认知可能与以课程为基础的教育的长期价值相悖。

4. 教学原则和教学的专业技能很容易被管理系统和信息技术专家所替代。正如Hartong（2016，530-31）所观察到的：在数字时代治理下的完美世界，国家的教育机构（如学校）逐渐被智能教育网络所取代，智能教育网络作为一种互动的在线学习文化运行着，而学校和教师被期望能够掌握信息技术处理技能。

5. 2015年9月，脸书的马克·扎克伯格宣布他将开始为旧金山的Summit公立学校投资，该项目开发软件已创建专门定制化的课程和项目，管理执行个性化的测验并用专门的软件来评分进而追踪记录，使每个孩子可以按照他们自己的进度学习。脸书首席产品官克里斯·考克斯（Chris Cox）表示，该项目完全独立于脸书运作，不需要脸书账户，每个参与该项目的人的隐私都受到严格管控，这有助于保护学生数据。

6. 据估计，慕课每门在线课程的平均制作成本为5万美元（包括教师的工资）。

7. 事实上，在过去的十年里，大学（尤其是美国的大学）以牺牲教学和研究为代价，越来越多地投资于物质设施，招致了尖锐的批评。大学在设施（体育设施、建筑等）上花费太多，往往会增加学杂费，使许多学生越来越难以承受。在欧洲，公共资助的大学系统仍然是常态，但一些国家（如英国）最近大幅提高了学生的学杂费。

8. 根据Bogen（2015）的数据，Coursera与大学签订的合同承诺，每门课程与大学分享15%的收入，每季度分享总课程的毛利润的20%。

9. 根据Coursera的服务条款，“如果您参与在线课程，我们可能会从您那里收集某些生成的内容，如提交给老师的作业、被同学评分的作业和被评分的学生反馈。我们还收集课程数据，如学生对嵌入式小测验、独立小测验、考试和调查的反应（Coursera，2017）。

10. 首次关于慕课的有效性及其开放教育能力的研究，特别是Hansen和Reich（2015）的一项研究表明，用户均来自经济条件优越的群体，因此慕课增加而不是减少了不平等。

11. Walthausen（2016）发表了一篇有趣的调查，探讨了各种开放资源的有用性，包括付费开放资源和由美国教育部的“一起开放”（Go Open）运动推动的所谓开放资源。她的结论是，这两种在线资源都不能提供现成的课堂材料，因为每位教师都需要对材料进行重新调整，以供当地个性化的课堂使用。换句话说，尽管有免费的可重复使用的材料，在线课程材料的再利用仍然是一项劳动密集型的工作。

12.MySchool网站是由澳大利亚课程评估报告管理局于2010年1月推出的。该平台的初衷是将所有学校的成绩数据公开，以提高教学质量，提高学生成绩。积极影响是新的在线机会带来教师的就业增长，但研究人员发现数据化和个性化带来了几个意想不到的后果。最引人注目的是学生、家长和教师的焦虑水平显著上升，他们现在可以看到所有的个人表现指标，并将它们与其他学校和学校系统进行比较。这产生了负面影响，从一些学校的低成绩学生退学或被排斥，到优秀学校周围地区的房价上涨，加剧了来自不同社区的学生之间的不平等。

第7章　治理一个负责任的平台社会

7.1　引言

2017年可以说是平台经济发展的转折点；有明显迹象表明，不只是针对五巨头，而是针对所有大型平台运营商的反对力量正在日益增强。Alphabet-谷歌——YouTube的所有者，面临着来自大型广告客户的抵制，包括《卫报》、星巴克和沃尔玛，它们拒绝将其广告与宣扬恐怖主义和传播假新闻的视频放在一起。德国政府开始准备针对社交网站的法律措施，这些网站未能在仇恨言论、假新闻和诽谤性内容发布后24小时内删除这些内容。推特因未能遵守这一规定而受到谴责。与此同时，德国反垄断机构将脸书告上法庭，理由是脸书发布了一份笼统的、让人费解的消费者协议，迫使用户将个人数据的所有权利割让给脸书。根据《一般数据保护条例》的指示，欧盟委员会考虑了社交媒体网站收集个人数据是否违反了欧盟反垄断规则。该指令将从2018年5月起保护每个欧盟公民免受数据滥用的侵害。欧盟反垄断官员对Alphabet处以27亿美元的罚款，原因是该公司通过不公平的手段偏向了公司的自有服务（例如，谷歌购物）从而锁定了用户，超过了竞争对手。2017年12月，欧洲法院裁定优步是一家出租车服务公司，而不是一家科技公司，这给该平台带来了又一次严重挫折，此前该平台在伦敦被拒绝续签牌照，而且公众对优步管理层纵容司机骚扰行为表示强烈抗议。与此同时，在美国，脸书、谷歌和推特的高管们被要求在美国参众两院情报委员会作证，以调查他们在2016年美国大选中所扮演的角色。最后，两位华尔街投资者要求苹果公司调查其苹果手机和平板电脑产品对健康的影响，并研究它们的设计是否会加剧消费者使用上瘾，尤其是儿童上瘾。

大型科技公司对社会各阶层产生的深远影响引发了越来越强烈的反对，已经引起了公众对全球平台生态系统内在缺陷的关注（Manjoo，2017b）。每一个事件都是政府、市场力量和社会公民组织之间冲突的例证，它们将平台经济定义为围绕公共价值和竞争利益的价值观念冲突的一部分（Hutton，2017）。在前两章中，我们评估了在线平台（包括五巨头）如何迅速将自己定位为所有行业的中心，渗透私人和公共领域，影响市场，重塑社会。平台运营商不仅获得了经济收益，也获得了公民力量，包括“促成集体行动的力量、传播新闻的力量、影响人们投票的力量”（Moore，2016）。事实上，在保持“中立连接器”的“中间”地位的同时，积累集中信息力量，这对五巨头来说有着巨大的经济利益（Andrejevic，2013b）。接下来的四章分析了作为市场部门一部分的城市交通和新闻行业，以及作为公共部门主要部分的卫生健康和教育业所面临的冲击。在塑造网络世界的过程中，单个平台的微观层面与平台生态系统的中观层面不可分割地交织在一起，而中观层面又会影响到全球企业和国家政府机构的地缘政治层面。

在最后一章，我们想把焦点从分析性和描述性转移到规范性和反思性。在本书的开头，我们问了一个问题：在美国和西欧社会中，网络平台在公共价值观的组织方面扮演了什么角色？公共价值和公共利益往往是隐性的或无形的，但它们应该明确表达出来，特别是当它们受到质疑或服务于相互竞争的利益时。一个关键问题是，公共价值观是如何被强加到生态系统的架构上的——这个架构的核心是由推动经济价值和企业利益的美国科技巨头压倒性地控制的，但往往是以欧洲关注的社会价值和集体利益为代价的。数据化、商业化和选择机制似乎为科技公司提供了前所未有的有关基础设施的、部门和跨部门的权力。

然而，平台生态系统的架构会去适应变化中的社会观念和对潜在危害保持警惕。本书对潜在模式和系统机制的探索，促使人们对治理是“什么”、“如何做”和“治理谁”进行了终极思考：我们希望将什么样的公共价值观融入平台经济的设计中，我们如何做到这一点，以及谁对此负责？

正如第1章所述，为共同利益创造公共价值理论上应该是市场、国家和社会组织者的共同责任。作为生态系统的主要塑造者，五巨头可以改写社会的规则；但是，在新的全球世界秩序中，它们如何能采取负责任的行动呢？对民间社会组织者也可以提出同样的问题。在平台生态系统中，个人公民、非政府组织和合作社的能力和约束是什么？公共机构具有维护社会信任和民主的特殊功能。最后，我们将聚焦地方、国家和超国家政府的责任，这些政府正慢慢意识到将治理外包给社会技术系统的严重后果。当谈到保护消费者和公民的权利时，平台化需要一个完整的而非部门化的方案。政府当然是监管者和执法者，但它们也可以是负责任的用户和平台开发者。管理平台经济最终是一场争夺影响力和权力的地缘政治斗争；在结束语中，我们将回到数字时代全球大国之间的价值观念冲突。

7.2 设计一个以价值为中心的平台社会

社会秩序不再仅仅局限于线下的机构和组织，而是越来越多地与数字平台集群交织在一起。如果社会想要创建一个可以反映和构建民主秩序的平台结构，它们需要努力在平台生态系统的设计中实现公共价值和集体利益。当前的平台生态系统基于一种主要依赖于经济价值和企业利益并受其驱动的架构；这一制度架构渗透的社会部门越多，其关键参与者的政治权力就越大。尽管快速进化的生态系统通常表现为一种自我驱动力，但它也不能对变化免疫：技术塑造社会，反之亦然。理想的平台社会是建立在同源的通用公共价值观之上的，而它显然是不存在的。公共价值需要在每一个部门和每一种情况下阐明，因为它们既是政治和价值观念竞争的对象，也是结果。公开阐明和权衡各个层面的公共价值，对于改进生态系统的设计至关重要（Tura、Kutvonen，and Ritala，2017）。

在第1章中，我们介绍了一系列的公共价值，一些与个人消费者权利有关，另一些与保持互联网开放和可靠的过程有关。当然，数据流量的安全性是一个基本的公共问题，几乎每天都会在新闻中出现：可以被监听的数据流或可以被黑客入侵的在线系统，会导致人们对整个基础设施的可用性产生根本的不信任。当我们通过在线渠道讨论数据流量时，隐私保护是一个重要的公共价值。没有了隐私，公民就不能保证他们能够控制自己的生活；当然，个人的自治和主权权利应始终与社区的利益相权衡。准确性是另一个重要的公共价值，不仅对于数据流和算法，而且对于商业模式和平台的所有权状况也同等重要。我们经常讨论这些问题：信息准确吗？我们如何控制信息的准确性？这些问题在任何部门都很重要，尤其是在卫生部门，它们可能意味着生与死的区别，在新闻部门，它们可能意味着真实与虚假的区别。

更广泛地说，我们分析了社会价值观如何在私人利益与公共利益之间形成争论的焦点。在理想的治理模式中，公民将有权控制自己的个人数据，并对集体数据流和数据库的情况进行民主化的控制。[1]当涉及数据驱动的过程时，质量和可访问性是重要的价值；正如我们在卫生健康和教育部门所看到的，这些价值观本质上是主观的，因此应该被公开讨论。在交通部门，全面性和可负担性成为备受争议的公共价值。一个坚持平等、包容、公平、没有偏私和歧视原则的社会，需要能够通过算法自动地做出决策，而这些决策现在已被公众监督所掩盖。另外两种公众价值观是责任和问责。公共责任意味着它属于“良好的簿记”——对财政和社会责任负责，但是这个词已经远远超出了它的语义起源，已经成为在公共和私营部门的“良好治理”的象征（Bovens，2009）。不用说，公共价值的范畴并不局限于前几章讨论的那些。

虽然人人都同意有必要阐明公共价值，但对随后的谈判没有通用的指导方针或方法；在医疗领域，“公平”的含义不同于自动驾驶汽车或教育领域的“公平”。明确哪些价值观在何种环境下受到谁的质疑，可能有助于重塑当前平台生态系统，使其更能回应公众的关切。在生态系统的设计中实现公共价值并不像看上去那么简单，部分原因是部门不可知论的逻辑嵌入了基础设施平台以及平台机制的设计架构中。正如我们在前几章中所展示的，平台的技术——商业策略和用户实践在不断地共同演化；由于平台具有执行性质，我们应该研究如何利用平台机制来促进公共价值和公共利益。让我们探究几个场景来展示数据化、商业化和选择机制是如何通过“逆向工程”将公共价值注入系统的。

7.2.1 数据化

目前，数据化的问题通常与低访问性、不稳定的质量、模糊的所有权以及缺乏问责性的数据治理有关（Kitchin，2014）。平台生态系统的有效运转，很大程度上依赖于用户产生的大量数据，在接受了平台的服务条款后，用户将会失去对自己所产生数据的控制权。数据所有权是一个陷入困境的概念，部分原因是它在法律上和技术上都没有明确的定义，也有部分原因是数据流的分解和重组以及数字产品的分解和重组都发生在平台的后端。从用户的视角看，部分原因是通过基础设施平台在浩瀚的数据库中捕获个人数据的难度和复杂性导致了用户难以控制个人数据。数据访问的条件通常由提供数据存储和计算设备的所有者定义，而这些设备通常由用户所依赖的软硬件设备的同一家厂商提供。例如，通过健身应用程序收集的健康数据会通过基础设施平台进行发送，这些平台还会引导建立广告商、新闻内容和用户之间的联系。由于几乎不可能追踪数据流，而且数据的访问和数据质量的控制几乎完全掌握在少数大公司手中，因此几乎没有公共机构为此负责。数据已成为用户不断提供的宝贵资源，但它们既不被视为个人财产，也不被视为集体资源。只要数据流被视为私有资产，平台运营商就能捕获、存储并转售它们，而无须向公众提供任何追索权或补偿。

然而，数据化是改善学习、促进新闻流通、优化城市交通和解决流行病等健康问题的潜在有力手段。通过开放、共享、访问、分析实时数据可以为公共利益做出重大贡献。在一篇开创性的论文中，经济合作与发展组织（OECD）论证了如何利用交通部门的数据流来改善交通管理和提高交通安全；然而，平台运营商“担心与政府共享它们的数据会让其他竞争者获得同样的信息，从而消除他们的竞争优势，而不愿分享数据”（OECD，2016）。正如我们在第4章中看到的，城市可以从优步和其他运输网络服务收集的数据中获得实质性的利益，从而优化交通。公开获取数据也有助于使平台更负责任；因此，在隐私得到保护的情况下，为了公共利益，应该共享某些类型的数据。在第5章和第6章中，我们详细阐述了数据流开放、可跟踪和可重复使用的重要性。在卫生健康和教育领域，我们看到了用户数据私有化的趋势——这一趋势与数据透明度的需求和测试的准确性之间存在着紧张关系。在公开数据流中，像隐私这样的数据既可以用于支持公众利益，也可以用于反对公众利益；这就是为什么必须尽可能清楚地阐明这些原则，以便公民和当局能够在各级谈判中平衡相互冲突的利益和价值观。

数据化和基于算法的决策可能有许多优点。平台经济正迅速从基于规则的算法向机器学习算法转变，人类的决策越来越多地被外包给机器，决定谁能获得贷款，谁能以何种价格买到保险，或者谁能获得假释。正如我们在第5章中看到的，例如，算法在更高效的个性化医疗保健中有大量的应用；但问题同样严重——想想医疗领域的歧视或优惠待遇。细微的偏见或现有的价值观念、歧视和不平等会潜入数据集，也会渗入算法的处理或学习中（Amoore & Piotukh，2015）。[2]计算风险始终是人和机器的结合，因此开发用于判断数据集和处理原则的重复流程更加重要。当系统开始自我学习时，问责和责任的问题会变得更加复杂。

或许应该像对待金钱一样对待数据——而不仅仅以丰富和贫乏来区分数据。数据流动应该变得透明，就像资金流动是“可计算的”一样，以便让公民知道谁拥有它们的所有权、访问权和使用权。也许在未来，安装公共登记簿（一种类似记事本的工具）将成为可能。这种工具可以记录数据流，在某些情况下（仅用于非营利目的或重复利用数据时），使个人更能保持某些数据的私密性。这种分布式记账系统应向所有人开放，其登记也应承担相应责任——由公共机构操作或至少由注册数据会计师来控制。问责不仅仅是一个技术问题，它还与如何构建我们的社会有密切的关联（Reijers & Coeckelbergh，2016）。当然，像欧盟这样的超国家机构可以在某种程度上管理数据流，但需要一个一致的立法框架来界定谁可以“拥有”哪些数据流——私人的、公司的还是集体的。一些组织热衷于开发新的监管或法律框架，以管理类似于货币或货物流动的数据流；这需要大家共同努力为数据所有权和访问权设计一个替代框架，让企业、政府和公民都能很好地共享与共治。要让这些举措扎根，至关重要的是，社会必须发展出一种整合的方法，能够将数据作为信任治理体系中一种有价值的货币。

近年来，区块链技术作为一种新型信任系统被推行，在区块链中交易，可以通过分布式记账和可被执行的记录来进行管理和授权，这样用户无须向中心权力机构或组织寻求许可，即可验证和记录每一次交易（Mancini，2015）。区块链的支持者认为，如果我们只设计一个理想的技术系统，那么理想化的社会将不可避免地遵循一个原则：每一次在线交易都是透明的，社会将不再需要中心组织。还有一些批评人士对区块链的基本假设表示严重关切，包括它的技术决定论视角和它的网络自由主义意识形态（O’Dwyer，2016）。[3]讨论区块链的优缺点超出了本书的范围；然而，观察结果足以说明，关于区块链技术的争论围绕着基本的公共价值和相互竞争的利益，即：谁将从区块链中受益？它是否准确和安全？如果系统被黑客攻击或被证明不安全，谁将会负责？它在能源效率和公众信任方面是可持续的吗？机构、公民、市场行动者和国家行动者能否合作，并按照民主协商的价值观塑造这种技术？为了评估任何一种技术对一个负责任的平台社会的重要性，这些都是需要回答的问题。

7.2.2 商业化

原则上，将数据化的活动转化为具有经济价值的商业化机制是可行的，也能够创造公共价值。如果我们看看目前平台生态系统中所有业务、所有权和治理模式的混乱现状，就能得出这样的结论：基于公共价值的设计仍然是一个遥不可及的理想。透明度是问责制实行的一个条件，但在线世界正变得越来越不透明。简单来说，平台经济将生产者与消费者、广告商、广告内容连接起来；在线交易中涉及的货币包括金钱（或数字加密货币）、数据、注意力和用户数量。无数的涉及货币交易的纠纷使得平台生态系统“臭名昭著”地不透明：有时交易费用是由双方支付的（如爱彼迎、优步）；其他时候则通过用户创造并由平台免费提供的内容来实现的（如 YouTube、Coursera）；平台可以通过广告（如脸书）或向第三方（如23andMe）出售数据来实现消费者注意力的经济收益。与数据和算法类似，用户的增加强化了一个平台的网络效应，使其相对于其他平台具有潜在的竞争优势（Prufer & Schottmuller，2017）。商业模式通常是商业秘密；平台如何设计上述四种货币来创造价值往往不为竞争对手和用户所知。所有权和治理模式的分配同样不透明。一旦竞争公司开始扩大规模，或是通过模仿竞争平台的成功经验来增强自己的盈利策略时，五巨头就会收购它们，从而有效地抵消掉来自新创企业的竞争。

用户对平台如何从其在线活动中获取价值知之甚少；分享更多信息的责任总是在用户一方，以满足平台对数据的无限需求。有些人可能会说，科技公司已经变成了“银行”，一边将数据商业化，一边把产品包装成复杂的服务，而这些服务的动态定价已经让普通用户难以理解。如果推特或脸书用户不知道他们是如何获得假新闻的，那很可能是因为他们对这些平台“点击诱饵”背后的商业模式一无所知。在如此多的信息不对称的情况下，人们可能会认为高科技公司欠消费者一个关于平台盈利模式如何实现的解释，即使已有的解释也晦涩难懂，严重阻碍了消费者对在线服务的理解。这让人想起2008年银行业危机前的那段时期，当时深奥难懂的次级抵押贷款被推销给了雄心勃勃的、不知情的房主。与银行业一样，高科技行业也应该对其产品和服务的清晰性和合法性负责，它们不会像一些银行那样“大到不能倒”。

然而，仅凭透明度方面的要求并不能让平台生态系统更负责任。正如Ananny和Crawford（2016）令人信服地提出，透明与问责相结合应该始终对平台提出：谁对什么负责，对谁负责？就商业化而言，这一要求不仅应适用于商业模式，也应适用于所有权模式和市场治理。而这正是问题所在：数据化和商业化作为一种机制，使得营利性和非营利性、私有和公有、免费和付费、基础设施和行业、互补者和连接者之间的界限变得模糊，也使得全球市场、国家市场和地方市场之间的界限变得不稳定。正如我们在医疗和教育领域的案例研究中所展示的，企业平台经常与非营利组织和公共参与者合作，承诺公共利益，却混淆了个人利益。透明度和责任需要嵌入正式的关系结构，以便正常工作，但如果线上活动和线下现实不再匹配，会发生什么？

传统经济有一套用来规范实体企业和维护公平市场的法律政策手段，但是这些手段依赖的行业间是割裂的前提已经被数据化和商业化机制颠覆了。用户活动、可转移数据流和自动数据画像是全球平台经济中的新手段——这些手段几乎没有被任何一种已有的法律监管框架所考虑。这些手段适用于各个行业，因此史无前例地允许数字资源的积累和跨行业力量的集中，不仅促进了基础设施和行业平台的纵向整合，还促进了不同行业平台之间的横向整合。例如，当健康数据和教育数据、零售数据相结合用来决定谁可以得到保险折扣时，算法的力量会呈指数级增长。跨部门、跨国家的数据化和商业化机制要求新的治理分类，这或许能使生态系统更加透明和负责；这样的生态系统治理原则是必要的，这样它们才能应用于具体的环境和情况。我们将在最后一节回到这个问题。

7.2.3 选择机制

在讨论选择机制时，我们已经展示了数据的自动过滤、分级排序和个性化是如何阻碍公共价值的，例如对准确性和民主控制的需求，特别是当它们与特定的商业化战略交织在一起时。在新闻领域，正如第3章中所讨论的，个性化机制会削弱新闻消费的多样性。脸书和谷歌的一些新闻聚合器这样的新产品近期发展迅速，它们通过对内容进行拆分和再捆绑的模式，精准定位那些已经准备好接受有倾向性的新闻和广告的特定人群。尽管这么做极大地增加了受众，但新闻聚合器将新闻内容从新闻背景中剥离出来的方式，使其也摆脱了专业的新闻审查机制。制造虚假信息和过滤新闻不符合公众利益；脸书和谷歌已经认识到，主要由商业价值而非公共价值驱动的平台选择机制可能会严重阻碍民主进程，最终也会阻碍这些企业的商业利益实现（Napoli，2015）。

然而，这并不意味着选择机制本质上是错误的，个性化和声誉排名也可以对个人赋能。个性化的医疗档案可能对个人健康非常有益。而定制的新闻过滤器在原则上可以让消费者获得更有用的信息。然而，在个人、私人利益和集体、公共利益之间存在着一种不稳定的平衡：旨在优化个人服务的互联网平台往往会凌驾于集体利益之上。如果个性化的健康信息能带来更好的诊断和治疗，每个人都会受益；如果它导致残疾人医疗保险费率高得令人无法接受，同样的机制也破坏了以团结和平等为基础的社会契约。同样，在新闻和广告方面，个性化的新闻过滤器或许适用于特定个体的信息需求；但是，如果这些自动过滤导致公民之间出现严重分歧，团体组织间缺乏共同基础，我们就必须认真考虑如何让它们对一个社会的需求做出回应。

总而言之，一个以价值为中心的平台社会的设计，需要对当前的生态系统进行重组，将其基础机制向社会稳定方向倾斜。在过去的30年里，国家和社区向企业转移了一些权力和影响力；政府照顾公众利益的传统责任划分似乎不再可行。公共部门、机构和政府越来越依赖企业平台生态系统，因此，重新思考这些系统的设计原则，以及运用这些机制来维持民主和保证平等的竞争环境至关重要。首先要问的问题是：我们想要什么样的社会？网络社会已经变得如此隐患重重，在组织我们的社会时，什么样价值观需要被输入网络社会？而且，这一谈判进程的结果永远不会稳定，因为它是民主进程的一部分。然而，如果忽视平台生态系统的技术、经济、法律和社会复杂性，并希望市场能够自我约束，因为它“自然”地倾向于民主平衡，那么这将是一个严重的错误（Jacobs & Mazzucato，2016）。因此，我们现在将关注点转向对平台社会负有责任的市场、国家和社会，并探究每种行为体如何为以公共价值为中心的设计做出贡献。这样的设计需要多个利益相关者从一开始就进行协商和共同创造，迫使他们朝着一个共同的目标组织起来：平衡各方利益，创造一个负责任的，即民主的、可问责的、可持续的、公平的、公众信任的平台经济。

7.3 市场参与者

为了让平台经济变得民主和可持续，它的各种市场参与者——全球科技企业、其他传统企业、小微创业者和消费者——需要把长期公共价值创造置于短期经济收益之上。必须尊重所有利益相关者的立场，不仅包括市场化的大小企业，也包括民间社会行动者和政府。负责任的创新始于设计阶段包含透明度的价值观，从一开始就承认各种社会利益（Taebi et al.,

2014）。这不是一项容易的任务，因为价值观存在争议，利益也不稳定。不同的市场参与者可以为一个健康的民主平台生态系统做些什么？针对五巨头，我们应该重申一个问题，即它们在基础设施服务方面拥有近乎垄断的权力，同时也根深蒂固地渗透到每一个市场和社会公共部门（Dolata，2017）。平台运营商希望被归为通用技术公司和“连接器”，而不是“公用事业”或“行业服务”，这种观点长期以来一直是它们在西方社会传统组织规范之外运营的借口（Napoli & Caplan，2017）。五巨头对平台生态系统基础设施核心的强大控制力正日益受到各个领域的传统企业以及关键消费者、记者和公众舆论的挑战。[4]在2016年和2017年的几起事件之后，脸书上出现了令人不安的直播视频，YouTube上出现了种族主义视频，推特上充斥着仇恨言论，社交网络公司开始更加主动地过滤这类内容。过去不愿监管或调整内容的平台运营商开始采取更负责任的行动，因为来自美国国会和消费者，以及以撤回广告为威胁的广告客户的压力越来越大。

基于这一点，平台面临一个严重的问题。用户越来越希望行业平台承担起责任，遵守特定行业的职业规范和法规，比如新闻。与此同时，只要脸书和谷歌采用（主要服务于其基础平台利益的）不透明的选择标准和商业模式，用户和传统企业就不会信任它们全球在线内容编辑者和传播者的角色。脸书的创始人马克·扎克伯格表示，社交网络平台可以是技术不可知的，也可以是政治中立的。的确，社交媒体降低了政治参与的门槛，但这正是社交媒体会被极端分子和操纵者利用的地方。判断哪些内容令人反感，哪些群体应该被禁止进入该平台，需要平台方具备接受道德标准的意愿，同时具备公共责任和职业责任感。脸书谈到了“社区标准”，并要求用户帮助标记假新闻和仇恨言论，但只要脸书不发布其清除被禁内容的人工编辑标准，脸书与众多利益相关者的合作将是困难的（Gillespie，2018）。总而言之，全球选择标准和国家或地方问责要求可能存在严重分歧，我们在卫生健康行业也看到了这一困境。

另一个源于权力不对等的问题是：在网络市场上用户既是小微创业者

也是消费者，但他们并没有充分地认识到这两种身份。没有用户作为经济和文化价值的共同创造者，就没有互联型平台。尽管一些平台的所有者与少数能吸引、拥有大量追随者的高产用户（例如YouTube或Instagram上少量的“意见领袖”群体）签订了收入分享协议，但人们对科技巨头对用户创造力和创业精神的不公平对待越来越不满（Taplin，2017）。这种不满与大平台对服务行业小微创业者的榨取有关。优步司机和Deliveroo的送餐员不知道一个平台的声誉机制是如何定义价格动态和临时工作的。他们似乎也没有什么集体谈判的力量来争取更好的工作条件和更低的参与费用。用户也没有得到作为消费者应得的尊重。他们实际上是“产品”，他们的行为数据有助于供应商提供有利润的、随之被消费掉的服务；“免费”服务似乎在某种程度上使运营商规避了对用户的保护。如果平台所有者拒绝向小微创业者和消费者开放他们的算法程序（例如他们的广告评级系统、收入模式、信誉系统或选择标准），我们很难说他们承担了“共同责任”；平台的互补方和消费者都应该能够了解这些算法，以便平台互补方和消费者能够控制自己的经营活动。

从理论上讲，用户可以随时决定，单独或集体地退出谷歌、脸书、苹果、微软和亚马逊的服务；但实际上，对于那些想要参与社会活动或仅仅需要谋生的用户来说，几乎无法选择退出。生态系统越是变得像一个全球性的连接性基础设施，公民就越依赖这个系统进行私人、公共和专业活动。当涉及保护自己的数字权利时，我们不能简单地假设个人消费者有足够的智慧来保护自己。纷繁难懂的数据流和算法太复杂了，用户无法通过勾选框来理解他们“同意”的条件。正如一些法律学者所指出的那样，即使是训练有素的律师也承认自己无法理解一份服务条款协议的全部后果，因此很难指望个人能够做到（Moerel & Prins，2016）。因此，在信息高度不对称的情况下，用户保护自己作为消费者的权利，很大程度上依赖于政府和立法。

尽管五巨头中的一些平台已经采取了建立社会信任的措施，但共享公共责任的声明一直有意地含糊不清。“让世界更开放、更紧密相连”、“推动科学”和“促进健康”之类的标语，掩盖了实际对公共价值应有的贡献。

迈向负责任的创新设计的第一步，可能是将部署的数据化、商业化和选择机制开放给公众监督，以便这些机制在特定的环境和国家对用户透明化。开放市场要求其主要平台运营商承担公共责任：公开技术和商业平台机制；公开是谁推动了信息的传播和循环，特别是政治信息和社会热点的信息；在用户签署服务条款的情况下公开他们实际上购买的内容。为了了解公私之间的权衡，用户需要进一步弄清行业能力与基础设施能力的对比，个人利益和公共利益的对比。或许更紧迫的是，用户应该被当作消费者对待和尊重，也应该被当作经济和公共价值的共同创造者。市场只有在其所依据的规则是透明的、对所有人开放的情况下才能自我调节。

第二，平台所有者和运营商应该开始意识到，关注公共价值是国家运行的必然结果，这些国家在制度和法律框架内建立了制衡机制。2017年6月，优步管理层因司机骚扰乘客等一系列丑闻而受到了批评，客户和股东要求该公司改过自新，以回应社会的呼吁。优步的案例可以被视为一个良好运行的市场自律的例子，但清理行动如果真的发生的话，往往来得相当缓慢。2017年12月，脸书宣布，该公司将开始在其广告收入发生的国家对广告收入进行会计记账，而不是将其转移到爱尔兰，那里的税收负担众所周知要低得多。脸书自己宣称，该公司需要向各国政府提高透明度，并向社区提高本地销售和收入的透明度，这更像是欧盟立法机构即将对全球数字公司增税而导致的结果。遵守公平对待雇员的规则和合理征税，是国家和机构通常执行监管制度的一部分。问题在于，既然五巨头的权力和资本开始超过国家，平台生态系统对政府控制的感知是否正在减弱。我们将在后记中回答这个问题。

第三，科技公司经常抱怨欧洲政府设置了昂贵的监管障碍，将公共价值观强加于市场部门之上，从而阻碍了创新和经济进步。按照这些观点，在平台经济中实施以公共价值为中心的设计将对企业和用户都不利。在谈到石油减少的问题上，这种“阻碍创新”的论调经常出现，直到人们越来越清楚地认识到，改变能源模式也可以带来巨大的经济利益。设计一个以公共价值为中心的平台经济不应该被视为一种负债，而应该被视为一种资产：公众信任的丧失最终就是企业价值的丧失。这种结果很显然在2018年3月发生了，揭发者透露，一家政治领域的人工智能公司“剑桥分析”（Cambridge Analytica）被允许非法进入5 000万脸书用户的私人资料中，获取的信息随后被用于通过政治广告影响公民个人，随后脸书损失了10%的市值。美国和欧洲的监管机构都已开始调查此案，不可避免，脸书严重辜负了公众的信任，且无法轻易弥补。平台运营商欢迎并尊重政府和社会行动者作为合作伙伴在改进平台设计上的独特贡献，这有利于平台经济的可持续成功。五巨头中的一些公司也逐渐领悟到这一点。仅靠技术解决不了复杂的政治和社会问题；它采取去中心化和多方利益相关者的方法来解决这些问题。现在让我们谈谈其他行动者，看看他们如何参与到平台的协调发展之中。

7.4 民间社会行动者

民间社会行动者是构建公平民主平台社会的重要伙伴，既包括参与的公民，也包括非政府组织、合作社和公共机构。当前的生态系统为这些行动者提供了一种混合了赋权和服从的强大力量。但是，民间社会行动者在创建和维持一个负责任的平台社会中能够起到何种帮助作用？Helbing等人（2017，12）提出“基于信任和合作的新型社会契约，将公民和消费者视为合作伙伴而不是障碍或可剥削的资源”，那么参与其中的公民、合作社和公共机构可能扮演什么角色？

显然，数字平台可以为公民个人赋能，使其团结起来以支持公共宣传活动，从而影响民主进程。公民个人的力量不太可能影响大平台的政策（除非他们能够将自己的案件一直上诉到欧洲法院）。[5]但个人力量的集结可以增强集体力量，从而成为一股不可忽视的能量，因为用户数据是平台经济中最重要的资源之一。一段时间以来，公民已经把集体的力量放在了支持公众关注的问题上，比如隐私权、获取个人数据的权利，以及获得公平和准确信息的权利。用户的集体抗议有时会成功地聚集力量来反对大型科技公司，迫使平台运营商改变他们的方式，即使只是暂时的（Van Dijck，2013）。向广告商施加压力似乎是一个更有效的策略，因为像脸书和谷歌这样的平台非常容易受到负面宣传的影响。

更广泛地说，社交媒体网络允许个人为公共事业发声，允许个人的力量以前所未有的规模联系在一起，以追求民主目标（Bennett & Segerberg，2012；Castells，2012）。如果没有平台提供的便利，随着时间的推移，许多社会运动的发展是不可想象的；社会媒体平台作为沟通和组织的工具，使得民间团体更多地扮演了网络节点的角色，而不仅仅是一个传统的社会运动组织。就像我们在社区主导的交通服务中看到的那样，在当地社区的组织中，互联网平台也起到了作用。自2003年以来，大量的非营利用户组织已经建立了平台，其中有些已经转变为市场风投项目（例如Couchsurfing、TeachersPayTeachers），而其他地方层面的合作则逐渐被边缘化或干脆消失了。非营利组织在平台经济中面临的问题是对企业基础设施平台的强烈依赖，企业基础设施平台内在的机制倾向于全球规模和跨部门的数据共享。这种机制显然与任何地方或国家层面运作和保持数据流量分散的愿望背道而驰。由于大型平台很少提供数据的地方主权或个人所有权，因而在当前的全球生态系统中，民主控制确实是一个受到挑战的公共价值。

互联网连接的积极力量与作为集体组织者的公民的理想相结合，促使一些人提倡一种“平台合作”的系统，以此为全球企业生态系统提供一种替代方案。正如Trebor Scholz（2016）提出的，尽管大型科技公司主导着有影响力的生态系统，但公民是否能够设计、组织和维持一个志同道合的合作生态系统？为什么个体经营的出租车司机、公立学校和社区团体不自己创建、经营和拥有互联平台呢？Scholz的替代方案不仅包括透明数据流形式的技术解决方案，他的平台合作理念还包括公有制和民主治理，而不同的融资方案和不同的法律裁决是实现其目标的必要条件。在前面的章节中，我们已经提到了几个关于合作平台的有趣的实验，其实还有更多。虽然这些努力被一些人认为是可行的替代方案，但也有人质疑它们在当前商业生态系统中的可行性。平台合作对于小型社区可能很有效，但它不会自动“传播”到其他城市和国家，所以能否对“五巨头”的主导地位形成制衡仍是一个问题（van Doorn，2017a）。

事实上，很少有非营利和非政府平台能够扩大规模，在数字世界中建立顶级地位，同时保持它们的非营利性。到目前为止，互联网上最成功的非营利平台是维基百科（Wikipedia）；自2001年创建以来，这一“知识共享”平台一直在最受欢迎的十大平台中名列前茅，尽管其备受赞誉的民主抱负被压缩进了企业生态系统中。维基百科最重要的特点是其卓越的集体治理体系，其程序透明与对中立的尊重的结合，实用主义和理想主义的结合已经成为许多“维基共享”计划的标志。[6]人们对网络世界中缺乏公共空间的担忧日益加剧，导致人们强烈呼吁非营利组织和研究人员共同支持和开发“技术共享”。基于共享的大众生产是法学教授Yochai Benkler（2006）创造的一个术语，包含了协作和共同开发、共享数据和源代码以及形成多元化报酬和认同模式（P2P Value，2017）。尽管这些举措是值得称赞的尝试，试图为平台生态系统提供一种替代品，但迄今为止，如果没有大型科技公司或政府的支持，它们就无法发挥太大的影响力。

在过去的几年里，全球的社会行动者，无论是非政府组织还是公共机构，都被要求在互联网上捍卫和保护一个非商业的、可行动的公共空间。2001年，Lawrence Lessig和Tim Berners Lee的开放社会基金会（Open Society Foundation）创立了名为“创造性共享”的平台（Creative

Commons)，这些组织一直在支持建设一个民主、公平和安全的互联网，让公民能够对信息和数据流动进行民主控制。在一个日益由商业化机制和专有算法决定的互联网环境中，它们一直在推动开源和开放数据方案，反对者认为这些方案对公司系统没有影响（Wittel，2016）。2017年春天，Lee在谈到开放社会基金会的持续目标时提到，对未来Web服务人类的三个最大的担心：对个人数据失去控制；错误信息在网络上轻易传播；政治宣传活动以模糊的方式直接针对用户。并且，他指出在民主力量控制下和公平与平等的原则之上，向所有人开放网络空间，是十分紧迫的。他还强调非政府组织和非营利组织需要与公司和政府合作，协商平台经济的基本原则和共同原则。

民间社会组织的行动的确非常重要，而且一直不乏主动行动，特别是在欧洲。许多为实现社会目标而开发的开源软件或P2P平台的计划都得到了国家补贴的支持，但几乎没有一个计划能够从项目发展成产品。矛盾的是，这些创投之所以难以成功，最重要的原因可能是它们没有集中式的、全球化的商业模式，因此不符合为扩大规模而筹集风险资本的创业逻辑。正是这种不协调可能加剧市场和社会行动者之间的权力不平衡——这种不平衡可以通过社会行动者与独立机构合作和更好的监管加以补救。

最后，学校、医院、大学、图书馆、统计机构和公共广播组织等独立于政府和公司的机构，作为公共价值的自发守护者，发挥着重要作用。特别是在西欧，公共机构相对于私营部门仍然具有相对重要的地位，而在美国，用于教育、保健和媒体的公共资金已逐渐减少。另外，占主导地位的企业平台运营商试图绕过机构的所谓“信托系统”（System of Trust），以此来削弱机构的权力，而这些“信托系统”维护着各行业的惯例和常规。例如，学者进行独立研究和同行评议的方法；统计学家们达成共识的统计方法；医生长期形成的如双盲测试等医学技术；以及公共媒体记者的编辑决定和数据政策需要接受公众监督的常规。企业平台生态系统都想绕过公共机构和它们的“烦琐”流程，这样平台才能不断再利用保持开放的数据流，并从中获得巨额利润。

在过去几年里，各机构积极推动开放数据和开放在线资源，特别是在卫生健康、科学和教育领域。研究人员之间有一个广泛的共识，即开放数据和开放科学标准将加速公共问责；开放健康研究数据可以拯救生命，开放教育数据可以帮助青少年学习。但在推行数据开放政策的过程中，公共机构和支持开放的政府迄今忽视了这个问题：绝大多数数据都是在公共机构之外收集的。科技公司征集用户生成的数据，然后由科技公司的分析工具处理，从而将重要的公共资源转化为私有资产。越来越多的科学家不得不从科技公司购买实时行为健康数据以及分析工具——这是公共研究难以负担的开支。没有互惠，数据驱动的市场永远不会成为一个公平的竞争环境。对所有利益相关者公平的“开放”还没有出现。现在的情况是，“开放”就像“共享”一样，将变成一个空洞的、不互惠的术语；企业可以从公共机构产生的公开数据中获利，而由用户产生但由企业处理的数据和知识则成为企业专有的资产。[7]重申一遍，“开放”和“公开”不是一回事。

应该鼓励独立的公共机构发展公开、负责和公平的公共数据系统。然而，正如我们在第5章和第6章中所阐述的那样，它们往往缺乏发展真正的公共替代方案所需的专业知识和财政支持。因此，在高科技企业免费获得纳税人资助的“开放”数据集的同时，它们实际上是把公共机构从市场上赶出去，因为平台削弱了公共机构作为此类数据生产者和合法评估者的地位（Kitchin，2014）。当公共机构的公共数据处理外包给拥有和运营自动化仪器的高科技公司时，数据的测量和解释也从公众的视线中消失了，所以从长期来看，这些公共机构实际上是私有化了。在本书中，我们没有涉及国家统计机构，它是一个国家可信的公共信息的“会计师”。与高科技公司和数据公司积累的数据集相比，国家统计机构处理和公布的统计数据显得微不足道。可以说，谷歌和脸书每天收集的有关我们经济或幸福的有价值数据比官方统计机构一年收集的数据还要多。我们越来越依赖数据分析公司，而不是依赖公共统计，因为公共统计总是受到其他利益相关者的监督；数据分析公司的专有算法成为它们的竞争优势，而且它们不会让人使用它们的算法（Davies，2017）。

公共机构一直是各行业中承担社会责任的支柱，例如，它们以行业标准的形式，更广泛地作为民主控制的工具。它们永远面临着资金和人员不足的危险。如果学校、大学或医院与创新隔绝，它们将变得停滞不前或过时。就目前的情况来看，全球平台生态系统有可能威胁到公共机构作为公共知识和公共服务独立提供者的地位。当私营技术部门的专家薪水比其他任何部门都高时，公共知识和私人知识之间的差距就会扩大。公共机构地位的不稳定出现在政府资金减少投入和政府放松规制的时刻，特别是在美国，政治结果是由特殊利益而不是更广泛的公共利益决定的（Fukuyama，2014）。相反，如果公共机构被激励成为积极的、合作的在线平台开发者，秉承着清晰的道德标准和创造公共价值的使命，那么它们不仅提高了竞争环境的公平性，而且还创造了经济价值。这种激励和支持必须首先来自政府。

7.5 政府

如前所述，良好的治理不仅需要政府，而且需要各方行动者的共同努力。然而，政府历来被赋予政治权力，以运行旨在保护公民和消费者的监管体系。各国政府应该"制定一致的、公开问责的方法来识别、分析和应对系统性威胁"（Iulie Cohen，2016）。"政府"一词通常被视为"监管"的同义词，而"监管"一词通常会在硅谷引起广泛的"过敏反应"。和银行业一样，高科技公司也广泛游说华盛顿和布鲁塞尔的政客们支持自我监管，反对政府干预。在地方、国家和超国家层面运作的政府机构可以以多种方式应对多边、全球平台市场的出现（Just & Latzer，2017；Musiani，

2013；Mancini，2015）。除了加强对平台的监管外，它们还可以通过向开发者阐明平台的公共价值需求来干预平台的治理。此外，政府不仅仅是监管者，也是平台的用户和开发者。我们将更详细地讨论每一个角色。

7.5.1 作为监管者的政府

作为数字平台的监管者，政府监管任务历来是有分工的，每一级政府都承担有限的监管范围。地方政府经常在特定领域与单一平台就公共价值进行谈判，就像我们看到爱彼迎在阿姆斯特丹的例子，以及优步想要进入当地出租车市场的例子。当与数字新平台和传统公司就公共价值进行谈判时，每个欧洲国家的每个城市都在自我保护，尽管最近一些城市已经开始协调它们的谈判策略。[8]这对平台公司来说既是福又是祸。一方面，它们受益于欧盟还没有一个统一的市场规则；另一方面，它们又不得不花费巨资来应对各个国家和地方法规。如朱莉·科恩（2016）所述，虽然地方当局往往缺乏影响力来补救系统性威胁，但它们可以利用自己被赋予的民主权力，向更高一级的政府发出强烈信号。地方政府可以通过积极明确平台必须遵守的公共价值标准来积聚力量。还记得圣保罗市是如何通过阐述公平、可获得、可持续和可负担的城市公共交通的价值需求，向整个行业提出一个全面的在线平台战略的吗？（见第4章）。

到目前为止，很少有国家政府采取全面的平台化措施。大多数西欧国家让市场参与者和地方当局来应对它们所谓的“市场失灵”——商品和服务的低效配置。各国政府在制定部门战略方面相当缓慢，往往只集中于几个具体部门，例如城市交通或酒店。它们还单独挑选了一些立法机构框架，例如消费者权利或用于监管控制的隐私标准。部分方法产生了一些临时性的补救措施，但收效有限。对共享经济的研究日益指向各国政府制定全面的平台化战略以确保公平的竞争环境。这种干预可以采取多种形式，包括对算法的监管、对数据流的监管以及调整目前不完善的反垄断立法（Sauerwein，Just & Latzer，2015）。此外，国家政府可以而且应该承担平台化引起的一般性纠纷，如第4章所讨论的涉及小微创业者的劳动关系。

就欧洲大陆而言，在与欧盟委员会的不断争论中，监管问责的责任落到了成员国身上。在反垄断和隐私保护方面，超国家层面的监管已被证明是最有效的。事实上，欧盟专员玛格丽特·维斯特格（Margrethe Vestager）2017年对谷歌处以24亿欧元罚款，以及2018年实施的《一般数据保护条例》都向平台企业发出了严重警告信号，并产生了重大影响。[9]然而，虽然企业因不遵守规定而面临巨额罚款，但这些单一的欧洲法规几乎都回避了生态系统的核心问题，因为大多数国家立法每次只关注一个问题，比如隐私、竞争和反垄断问题，消费者保护，商业和税法。这种方式缺少的是一种全面解决网络世界中广泛存在的权力、福利和经济机会结构性差异的方法——一种能够认识到所有这些法律框架相互依存的根本方法（Rahman，2017）。将公共价值和公共利益的保护纳入平台社会的立法蓝图是一项艰巨的工程，还有几个困难需要克服。

第一个困难是，大多数国家立法机构没有合适的词汇，来捕捉不断发展的平台生态系统中社会与技术匹配的美妙瞬间，而这会威胁到许多既定的社会安排。它们也缺乏精确的技术商业机制的分类，以充分描述不同参与者之间的权力关系。例如，数据流、路径依赖、行业不确定算法、垂直和水平锁定、作为增加价值的活跃用户，以及搜索引擎退化（Stucke & Ezrachi，2016），都不是常见法律用语；“过滤气泡”和“个性化”也不是。“监管监督的关键概念仍然局限在一个未数字化、未网络化的治理系统中，该系统在以地方和国家为基础的社会层面，与平台化的现实几乎不匹配（Khan，2017）。”在大多数（超）国家立法中，为促进公平竞争、防止垄断或有害的并购而起草的反垄断的词汇并不适应跨部门和全球化层面实现交互操作的新环境。

例如，当谈及垂直整合在线广告服务、汇集新闻服务、社交媒体网络和新闻内容生产者，英国媒体标准信托组织（Media Standards Trust）创始人马丁·摩尔（Martin Moore）在他的《民主平台社会宣言》（manifesto for a democratic platform society）中提到：

西方政府目前可用的工具，包括立法、法规和税收，并不适合处理科技巨头引发的问题。这些组织非常庞大并且是跨国的，通常工作的经济模式不同于其他公司，在与它们的前辈根本不同的通信环境下工作。在我们更好地理解和讨论它们所引发的困境之前，在公众开始担心它们所代表的潜在或实际威胁之前，将很难做出有效回应。

第二个困难是，监管的执行机构没有足够的执行能力。监管者需要对技术和商业模式如何运作、复杂的平台机制如何部署到用户实践中以及它们如何影响社会活动有详细的了解。例如，如果要禁止模仿人类的数字机器人，立法者首先需要了解它们是如何工作的，以便制定法律来禁止它们。要求平台企业公开谁在资助在线政治广告也是同样的道理：正如我们在第2章和第3章中所讨论的，平台机制很难控制，因为它们在基础设施和部门平台上发挥作用。此外，它们还涉及不断变化的算法、模糊的商业模式和令人费解的服务条款。政府监管机构需要同时具备技术和法律知识的专业数字团队来调查这些复杂的机制。

监管机构及其执法机构面临的第三个困难是，科技公司被允许在基础设施平台和行业平台以及跨公共和私营领域之间模糊的、难以描述的运营空间中蓬勃发展；在当前的体制下，这些市场力量的积累避开了公众的监督。当数据流不再局限于特定行业（如卫生行业）时，特定行业的风险似乎变得难以管理，因为数据会在其最初产生的行业之外不断被赋予不同的目的，并不断地被重新利用。迄今为止，无论是媒体、交通还是医疗公司，大型科技公司一直抵制任何将它们视为特定行业公司的立法。出于同样的原因，即使在美国有越来越多公众指出这种监管的必要性，大型科技公司仍抵制将其作为基础设施提供商或公共事业公司来进行监管（Lynch，2017；Swire，2017）。

就像对谷歌的罚款被认为是打破科技垄断的重要一步一样，欧洲法院2017年将优步归类为“出租车公司”的裁决被认为是一个里程碑。然而，对于欧洲的监管机构来说，还有很长的路要走。欧洲监管机构好比是装备了锤子和钉子的士兵，面对着一支装备精良、财力雄厚的数字军队。经济合作与发展组织（OECD）等跨国组织呼吁在执法中引入复杂的数据分析方法，“以便检测和预防数字市场中的勾结行为”（OECD，2016，第85条）。然而，要阻止这种“勾结行为”，需要监管机构的共同努力，协调目前看起来像是许多法律拼凑而成的监管之战，这些法律有：反垄断诉讼、数据存储和隐私法、劳动法、国家安全、税法等。在追求社会可持续发展平台的过程中，与平台企业进行的平衡公共和经济价值的谈判的确应该是社会的共同责任，但国家有维护和保护公众信任的最终责任。要使国家发挥这一作用，政府的职能应该不仅是防御的，而且应是主动出击的；除了监管者的角色，政府也是平台的用户和开发者。

7.5.2 政府既是用户又是开发者

政府和公共组织是平台的典型用户，应遵守透明度和问责制的最高标准。如果政府工作人员选择在专业背景下使用企业平台，他们应该将自己的选择与所在领域的主流公共价值观保持一致。然而，在当前的平台生态系统中，他们往往别无选择，只能屈从于平台内置的机制，从而引发了关于价值观冲突的基本问题。例如，在得知学生的数据会与科技公司共享时，公立学校是否可以要求学生使用脸书的登录方式，或者要求学生使用装有谷歌软件的Chrome笔记本作为参与教学活动的条件，警察和执法机构现在经常使用脸书、WhatsApp、YouTube和推特来监控个人和群体的在线行为。然而，平台架构内置的选择和过滤机制并非没有偏见，而偏见又可能复制或放大隐性价值观，从而导致歧视或种族偏见（Meijer & Thaens，2013）。研究人员和医生越来越多地与大型科技公司达成交易，患者数据被用来交换分析服务，而并没有考虑这种交换行为的长期后果。

公共部门的专业人士和公务员在处理平台问题方面责任重大；他们至少应该了解平台架构对其公共使命的直接影响，最好是长期影响。教师、警察和医生可以适当地对部署平台和处理数据负责；作为公共专业人员，他们应该是模范用户。然而，与全球生态系统的每一次整合都会引出这样的问题：是否可以访问数据流和算法，以控制其有效性。因此，作为积极主动的用户，政府应该更加严格：如果政府坚持以价值为中心设计平台服务，那么公司除了提供这些服务之外将别无选择。重要的是在国家层面确定每个部门和跨部门的公共价值平台应提供哪些服务，以便服务能够符合这些需求。

除了成为模范和严格的用户外，政府还可以作为平台的积极开发者。在硅谷盛行的自由主义演说中，“政府作为开发者”常常与贬义词“大政府”联系在一起，在这里“大”意味着低效和烦琐。然而，在美国以及许多欧洲国家，国家政府及其机构建立了对公民日常生活至关重要的数字服务系统，如在线税收系统、数字ID服务、电子提交和申请服务、患者健康系统等。这些数字系统的应用伴随着很多问题，部分原因可能是政府作为平台社会的核心参与者的双重身份。在许多欧洲国家，政府机构（税务机关、社会保障机构、人口普查局、土地管理机构等）各自从零开始，开发自己的信息和通信技术（ICT）系统，却忽略了许多这些系统以后可能需要实现交互操作的事实。

到目前为止，很少有国家提出这样的想法，即政府可以开发统一的插件，在基础设施或行业平台上执行。例如，政府开发一种标准的数字出租车计价器，数字交通服务应该集成到政府的平台上。另一个例子是身份识别服务，这个领域现在很快就被脸书和谷歌的登录服务所垄断了。人们经常将爱沙尼亚（Estonia）作为一个先进例子，一个积极主动的政府准备塑造其平台社会。一个单独的门户网站为“E-stonia”的公民提供了税务服务、身份识别、地籍信息、公共图书馆、个性化健康信息、公共交通服务等更多信息（Kalmus、Talves & Pruulman-Vengerfeldt，2013）。2015年，英国启动了“政府即平台”的方法，通过在线服务点提供ICT模块开发的服务（GOV.UK，2015）。

然而，正如蒂姆·奥雷利（Tim O’reilly，2011，2017）令人信服地指出的那样，如果政府想要作为参与者参与其中，不可避免的是，它们首先要设计一个以公共价值和集体目标为中心的综合平台。与公民集体合作，政府可以成为形成信任的促进者。对于欧洲各国政府来说，迫切需要一个以公共价值为中心、基于平台、以数据为驱动的生态系统。蒂姆·奥雷利（2017，173）提出：“就像谷歌、脸书、苹果、亚马逊和微软等公司建立监管机制来管理它们的平台一样，政府是一个确保社会成功的平台，这个平台需要得到良好的监管。”最理想的情况是，政府为公共、私人和非营利平台运营商分配不同的角色，从而促进一个相互制衡的平台社会。例如，政府可以强制使用一个全国性的共同开发的身份验证系统，该系统开放给各种利益相关者，并受到严格的隐私安全规则的约束。像爱沙尼亚和瑞典这样的国家已经朝着这一体系迈出了第一步。[10]

将这一概念更进一步，可以认为政府、非营利组织和企业可以成为多方利益相关者合作的参与者——独立地参与合作，将公共价值置于其设计的中心，开发分散但可交互操作的系统（Cowhey & Aronson，2017）。与其把单一平台和市场的监管主要交给地方当局，不如国家保证一个公平的竞争环境，让参与者遵守民主约定的公共价值。这将有助于形成平台解决方案，使其超越衡量部门成本和收益的范畴，并将长期的公共价值注入该体系，这些公共价值就是：信息准确性、可持续性目标、社会保障和保险等与集体成本相关的民主价值，以及服务的可获得性和可负担性。例如，为了纠正平台社会中潜在的错误信息的问题，欧盟委员会（于2018年5月）成立了一个独立的高层小组，呼吁社会团体以及像学校等公共机构、企业平台、政府和新闻机构等多方利益相关者一起合作来“保护欧洲新闻媒体生态系统的多样性和可持续性”。

“将政府视为开发者和多方利益相关者合作的伙伴，需要对平台社会采取一种更全面的方式，一种超越政府作为监管者和模范用户的公共角色的方式。”一些城市将平台对地方经济的“破坏”看作私有化不可避免的形式，而另一些城市则将其视为改革集体制度的机会。作为公共开发商，政府可以主动引导平台社会在市场、国家和社会行动者之间达到平衡。毕竟，各州一直都有创业精神，通过创建公共基础设施取得领先地位，在产生经济价值的同时实现民主价值（Mazzucato，2013；Jacobs & Mazzucato，2016）。正如联合国可持续发展目标可以将经济和公共价值健康地结合起来，而《巴黎协定》旨在减缓气候变化的同时促进创新一样，一个负责任的平台社会需要各国政府的前瞻性思维。政府干预、监管和激励措施的组合能够促进协作框架和利益相关者组织更好地实现信任和问责制（Sauerwein，Just & Latzer，2015）。

在数字世界中，大型平台企业不仅拥有压倒性的市场地位，而且能够影响政治家，这将导致政治高度失衡。民主要想在平台化时代发挥作用，就需要所有参与者——市场、国家和社会的共同努力，以建立一个可持续的、值得信赖的全球平台生态系统，一个可以分散责任和互相制衡的系统。事实上，谁来管理平台社会，以及应该基于什么价值观来管理平台社会是一个复杂而多层面的问题。最重要的是，这是一个地缘政治问题，不能作为一个或几个国家的问题来处理。因此，在本书的后记中，我们将简要地谈及平台社会的地缘政治。尽管地缘政治显然不是我们分析工作的重点，因为它具有高度的不确定性，但我们感到有必要勾勒出它的动态轮廓，因为不能脱离全球政治背景来看待平台社会的未来。

注解

1. 正如福山（2016）所观察到的那样，对治理的定义并没有明确的共识，正如对问责也没有统一的定义一样。一些学者将治理定义为传统政府的活动，而另一些学者则将这一定义扩展到政府以外的行为者。我们倾向于接受更广泛的定义，尽管我们同意福山的观点，即“目前尚不清楚问责制是如何运作的……在这样一个世界里，公共政策是由一群隐藏在网络中的参与者来执行的，他们彼此并行（甚至目的可能是背道而驰的）”。

2. 2016年3月，微软披露了一项对话理解的实验，该实验显示，只需在推特上进行不到24小时的培训，就可以教会一个人工智能聊天机器人（名为Tay）鹦鹉学舌地在推特上回复用户关于歧视女性和种族主义的言论。

3. 一些批评者认为，区块链本身起源于一种极端的自由意识主义观点，这种观点否定了国家和政府的作用，可能会导致民众权利的丧失，甚至会导致一个没有国家和政府的全球社会的出现（Atzori，2015；Golumbia，2017）。

4. 例如，广告商和发行商试图通过要求提高广告指标的透明度来削弱脸书、谷歌和Acxiom（脸书的合作伙伴）所拥有的广告技术平台的不公平优势；ads.txt项目就是这样一个例子。为了应对脸书和谷歌带来的挑战，一些传统出版商已经建立了全国性的出版平台，例如，邦尼（Bonnier）和Schibsted等媒体公司也创建了自己的新闻平台。

5. 2013年，奥地利法律系学生马克斯·施雷姆斯（Max Schrems）向爱尔兰数据保护专员（Irish Data Protection Commissioner）提交了针对脸书的隐私投诉。脸书的欧洲总部设在爱尔兰。爱尔兰法院将此案移交给欧洲法院，欧洲法院在2015年裁定，不允许公司将个人数据从欧洲大陆转移到美国，因为美国的隐私保护措施不够充分。对于欧洲民众来说，这是一个里程碑式的胜利。

6. 2017年5月，吉米·威尔士（Jimmy Wales）宣布，鉴于主要商业平台传播的假新闻浪潮，他想创办一个新闻平台，把记者和志愿者社区聚集在一起；他们想一起运营一种服务，可以生成基于事实的文章，易于验证和改进，就像新闻的维基百科一样。

7. 正如罗布·基钦（Rob Kitchin，2014）在《数据革命》（The Data Revolution）一书中总结的那样，如果开放数据只是通过开放公共数据来服务于资本的利益，但将专有数据锁在付费墙后，并受到知识产权制度的保护……那么，它们就没能使社会更加民主和开放。

8. 在过去几年里，欧洲的城市开始协调努力，在与爱彼迎和优步等特定平台服务的谈判中发挥更大的影响力；例如，阿姆斯特丹已经与巴塞罗那、巴黎、里斯本、维也纳、马德里和雷克雅未克联合起来，共同应对来自互联网平台的挑战。

9.《一般数据保护条例》将于2018年5月24日生效，覆盖欧盟所有成员国。该规则最重要的原则包括对数据收集的限制：数据应在数据当事人知情并同意的情况下获得；数据应与使用数据的目的有关，并应准确、完整，并保持最新状态；在未再次通知数据当事人的情况下，数据不得用于原始意图以外的任何用途（2018）。在本书完成之时（2018年1月），我们只能观察到五巨头中的一些公司是如何预见到这一法律并组织密集的宣传活动来鼓励用户完成隐私设置的。例如，谷歌开始在其各种平台上以及报纸和杂志上提醒用户完成他们的隐私设置。

10. 2010年，瑞典开发了一款移动银行应用，基于其高效的BankID系统，由领先银行财团和政府开发，促进了数字创新，减少对不太可靠的跨国身份验证系统（如脸书和苹果管理系统）的依赖（Andersson-Schwarz，2017）。瑞典的系统不同于爱沙尼亚的例子，因为它的电子ID系统BankID是政府和全国性银行合作的结果。

后记

“场域”转变的全球范式可能带来地缘政治后果。正如我们在第1章中所述，世界上两个占主导地位的平台生态系统都牢牢地扎根于各自的思想与政治体系中。在过去的几年里，我们见证了为争夺全球权力，两个生态系统在国家和市场中的精心编排。在这种编排中，政治家和商业领袖是重要的支撑。[1]硅谷的首席执行官和投资者已经开始像政客一样行事也就不足为奇了。2016年8月，Peter Thiel支持了特朗普的美国总统竞选，而关于马克·扎克伯格计划在2020年竞选总统的传言也甚嚣尘上，自由主义意识形态加剧了个人主义和国家干预最少化等价值观，倾向于把任何形式的制衡都留给市场本身。[2]在目前的情况下，我们很难指望国家能做出任何严肃认真的努力来限制五巨头在数字世界中权力的扩张。

也许具有讽刺意味的是，美国政府可能会更加依赖企业平台基础设施来帮助遏制外国政府干涉国家内政，这一点在2018年“剑桥分析”（Cambridge Analytica）丑闻曝光脸书为了商业利益不顾用户隐私之后变得尤为明显。

欧盟的模式不同于美国，其成员国既不拥有也不运营任何大型平台，但它们在很大程度上依赖于以美国为主的连接平台的在线基础设施。[3]在今后几年中，在经济市场和思想政治两方面，欧洲制定一个关于平台社会的全面战略是至关重要的。欧洲国家要想在信息时代生存下来，其城市、国家政府和超国家立法机构需要合作制定一张面向市场和公共部门的共同的数字战略蓝图。欧洲平台社会严重依赖于美国生态系统及其无处不在的机制——数据化、商业化和选择策略，以至于成员国应该评估一下它们的民主制度是如何变得容易受到美国的“友好”或“不友好”势力隐性操纵的。这种“势力”主要是指五巨头生态系统。面对两个平台生态系统，欧洲国家和欧盟需要回应关于其公共领域生存能力的紧迫问题，这两个平台生态系统都以自己的方式对其社会组织施加了前所未有的压力，而这主要是通过互联网引发的。

我们目前所见证的地缘政治关系，正在被快速变化的互联网的新事物和政治现实所塑造，而这只是一个开始。随着人工智能、机器人技术和物联网的出现，挑战将更加严峻。大国开始在政治舞台上与全球运营平台竞争和合作，这是一个关乎世界新秩序的政治舞台——个人用户是数据点的集合，社区是流动的、临时的、可操作的个人用户集合。在这种情况下，国家逐渐不具备抗衡Saskia Sassen（2006，185）提到的资本和技术的“全球组合”形成的能力，这些资本和技术在提供公共产品和服务方面比国家更有权威。Sassen认为，我们已经越过了“临界点”，使“公私之间的鸿沟”向数据驱动的高科技公司倾斜，从而使国家政府和机构的权力有所削弱。一些政治学家将此称为“后民主”场景：全球化推动形成的政治-企业-媒体精英的结合体，创造了过度强调经济增长和“企业友好”有优先权的政治体制。

如果欧盟成员国希望维持其对民主福利国家模式的历史性偏好，它们显然不能指望市场在保护公共利益的同时自我调节。地方、国家和超国家机构需要同时成为公共价值和公共利益的保护者和促进者。显然，它们需要更新相关的立法框架和监管工具，以保护公共价值。它们还可以在开创多利益相关者治理的新形式方面发挥作用，将无国界互动的益处与制度上锚定的信任概念结合起来——不是为了取代国家主权，而是为了加强和提升民主的公共价值（Mueller，2017）。事实上，管理数字化平台经济可能成为欧洲的一个项目，通过设计一个以公共价值观为核心的平台社会，帮助克服分裂的危险，这在多方利益相关者的协议中得到了巩固，捍卫了共同利益和共同立场。毋庸置疑，这种愿景需要政治勇气以及所有参与者的大量信心和想象力：平台公司必须致力于建立一个健康平衡的生态系统，同时承认国家和民间社会参与者在制定与管理平台生态系统的透明规则方面的作用。

更实际的是，欧洲国家可能需要关注一些重要的基础设施服务，比如在线身份验证服务和监管监督，以保护消费者和公民的自由和权利。各国政府不能再把注意力局限在个别行业；它们必须制定一个全面的跨行业战略，以实现交通、教育、金融、零售、劳动力和更多领域的平台化，并制定一个面向教育和卫生等历来承载了公共利益的公共领域的战略。一些政府已经主动采取了行动。欧洲或许无法从零开始，但作为一股超国家力量，欧盟可能成为第一个明确提出设计以价值为中心的平台社会，这具有前瞻性并能尊重人文价值。未来的劳动会是什么样子？我们如何确保不同公民群体之间的社会平等？如何支付集体费用？如何才能公平地对全球科技公司征税，并考虑到公共利益？

独立的机构和强大的公民社会是欧洲国家最显著的特征；面对激烈竞争的全球平台化生态系统，欧洲民主的去中心化和多样性既是其优势，也是其脆弱性所在。欧洲的机构和公民社会行为者需要得到道义和财政上的支持，因为，如果我们想要维持对国家和企业的制衡和平衡，那么获得一个平衡的生态系统至关重要。从欧洲的角度来看，在网络世界中实现公共价值不仅需要敏锐地意识到网络连接是如何运作的，还需要意识到当前的基础设施架构是如何给集体带来压力的。实现可持续和民主的平台社会的综合方法，首先要基于对共同利益和公共价值观的共同关注，即使这些价值观经常受到挑战和质疑。事实上，争论正是对开放的社会本质的证明，这种本质即是对文化理想、道德标准和社会秩序的持续辩论。明确社会的价值观是创造一个能够保护多元的、自由的和稳定的平台生态系统的第一步。

注释

1. 2017年7月，五巨头公司的市值总计接近3万亿美元，这使它们成为世界上第五大经济体（依市值计算），仅次于美国、中国、日本和德国（Sommer & Russel，2017；Taplin，2017）。

2. 美国国会正在调查五巨头干预2016年美国大选的事件，该事件被英国和美国的各大新闻媒体广泛报道（Haenschen；Ohlheiser，2017）。

3. 主导现代网络社会的大型平台很少是在欧洲开发和建立的；Spotify由一家瑞典公司拥有和运营，可能是全球生态系统中最大的欧洲平台。